Estas flores son para las personas caídas el 13 de noviembre de 2015
E. T.

Para Rose
V. A.

Mira, aquí tienes frutos, flores, hojas y ramas.
Y también está aquí mi corazón, que solo late para ti.
Paul Verlaine

En la misma serie:

Inventario ilustrado de animales

Inventario ilustrado de los mares

Inventario ilustrado de los árboles

Inventario ilustrado de animales con cola

Inventario ilustrado de insectos

Inventario ilustrado de aves

Inventario ilustrado de dinosaurios

Inventario ilustrado de frutas y verduras

Bellezas de la naturaleza

Agradecemos la revisión científica a Odile Poncy,
botánica en el Museo Nacional de Historia Natural de París
Concepto gráfico y realización: cedricramadier.com

Título original: *L'inventaire illustré des fleurs*

© 2016, Albin Michel Jeunesse
Publicado con el acuerdo de Isabelle Torrubia Agencia Literaria
© de la traducción: Pedro Almeida, 2017
© de esta edición: Kalandraka Editora, 2023

Rúa de Pastor Díaz, n.º 1, 4.º B. 36001 Pontevedra
Tel.: 986 860 276
editora@kalandraka.com
www.kalandraka.com

Coordinador de la colección: Xulio Gutiérrez
Faktoría K de libros es un sello editorial de Kalandraka

Impreso en Gráficas Anduriña, Poio
Primera edición: mayo, 2017
Tercera edición: marzo, 2023
ISBN: 978-84-16721-08-5
DL: PO 160-2017

Virginie
Aladjidi

INVENTARIO ilustrado
de FLORES

Emmanuelle
Tchoukriel

FAKTORÍA K DE LIBROS

PRÓLOGO

En todo el mundo existen alrededor de 230 000 especies de plantas con flores. Donde podemos encontrarlas con más abundancia es en los bosques tropicales. En Europa contamos aproximadamente con 12 000 especies diferentes, de las cuales en la península Ibérica podemos observar unas 5000.

Las flores ya existían en la Tierra hace 60 millones de años, mucho tiempo antes de que aparecieran los humanos. Se distinguen dos categorías de flores: las silvestres y las cultivadas.

La botánica es la ciencia que estudia las plantas, y en ella se utiliza un vocabulario propio. A las plantas con flores, como, por ejemplo, la amapola, el trigo, el manzano y el roble, los botánicos las llaman *angiospermas;* y a las que no tienen flores, como las coníferas, *gimnospermas.*

La flor

La flor es el órgano reproductor de la planta.

La **corola** está constituida por un conjunto de **pétalos**.
El **cáliz**, que suele ser verde, protege los pétalos, y está compuesto por el **receptáculo floral** y los **sépalos**.
Cuando los pétalos y los sépalos de una misma flor tienen el mismo color y tamaño, se les llama **tépalos**.

Unas veces las flores se presentan sobre el tallo aisladas (entonces decimos que son solitarias); otras, están agrupadas en conjuntos numerosos, llamados **inflorescencias**. Hay muchos tipos de inflorescencias: en espiga (la lavanda), en racimo (el lirio de los valles), en umbela (la venus atrapamoscas), en cima (la nomeolvides)... Algunas inflorescencias están tan apretadas que se las puede tomar por flores, como es el caso de las margaritas. Estas inflorescencias se llaman **capítulos** y en realidad están formadas por gran cantidad de flores diminutas.

La flor está sujeta al tallo por el **pedicelo**. Cuando hay varias flores, sus pedicelos están sujetos a la inflorescencia, que a su vez se sujeta al tallo por un **pedúnculo**. Si la inflorescencia es grande y robusta, como la de la dedalera, podría tener un tallo floral.

Algunas plantas, como el cardo, cuentan con una especie de hojas muy pequeñas, llamadas **brácteas**, que rodean la base de la flor o de la inflorescencia.

El **pistilo** es el órgano reproductor femenino de la flor. En su base se encuentra el **ovario**, que contiene uno o varios **óvulos** y en su extremo, el **estigma**, que es una plataforma de aterrizaje para los granos de **polen**. Los **estambres** son los órganos reproductores masculinos de la flor, que contienen el polen en unos pequeños sacos denominados **anteras**.

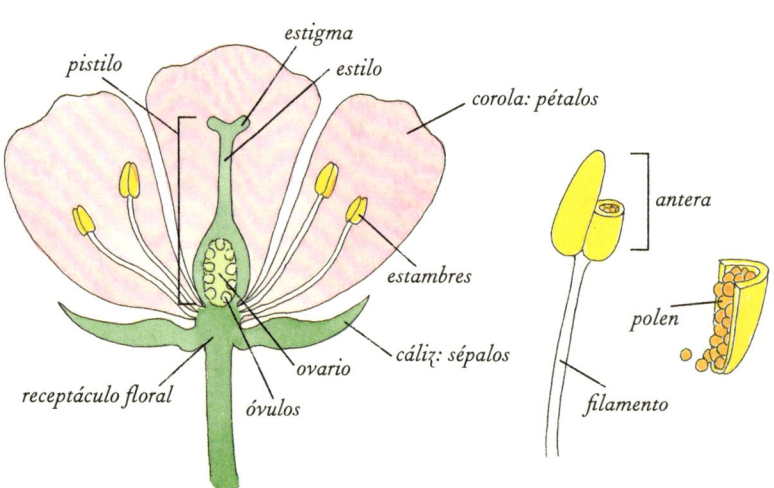

pistilo · *estigma* · *estilo* · *corola: pétalos* · *antera* · *estambres* · *cáliz: sépalos* · *polen* · *receptáculo floral* · *ovario* · *óvulos* · *filamento*

La reproducción

El viento, un insecto o, en ocasiones, un pequeño animal, deposita unos granos de polen proveniente de los estambres de una planta sobre el estigma del pistilo de otra: eso es la **polinización**. Un grano de polen **fecunda** el óvulo escondido en el ovario, que acabará convirtiéndose en una **semilla**. El pistilo se desarrolla y se convierte en el **fruto** que contiene la semilla.

Aunque la mayoría de las plantas son macho y hembra a la vez (se dice de ellas que son hermafroditas), el óvulo de una flor solo puede ser fecundado por el polen de otra.

Todas las plantas con flores tienen capacidad para la reproducción sexual, pero muchas de ellas también pueden reproducirse de manera asexuada por **multiplicación vegetativa**. Son, por ejemplo, las plantas con bulbo (como los tulipanes), con rizoma (como el lirio) y con estolón (como la fresa). Todas estas plantas se dan con flores en la naturaleza, pero muchas veces el hombre selecciona algunas de esas variedades y las cultiva gracias a la multiplicación vegetativa para producir frutos sin necesidad de semillas, pues son mejores para comer, o hermosas flores que no darán frutos.

Los modos de crecimiento

Para hacer frente al invierno, las plantas no pueden trasladarse como los animales, pero se adaptan al clima para combatirlo mediante tres estrategias diferentes en función de su ciclo vital:

Las **plantas anuales:** su vida transcurre en el ciclo de un año. La semilla germina, la planta se desarrolla, florece y da frutos cuyas semillas pasarán la estación fría y podrán dar una nueva planta al año siguiente.

Las **plantas bianuales:** necesitan dos años para completar un ciclo. El primer año, la planta acumula reservas en las raíces y las hojas; y en el segundo, crece mostrando ya sus flores y sus frutos.

Las **plantas vivaces:** los tallos, las hojas y las flores, que son las partes aéreas, mueren al comenzar el invierno, pero las partes subterráneas permanecen vivas. Partiendo de unas simples raíces u órganos de reserva como el rizoma, el tubérculo o el bulbo, las plantas vivaces vuelven a crecer cada primavera y pueden vivir muchos años.

Os presentamos aquí **62 flores** de todo el mundo, tanto silvestres como cultivadas. Las plantas con flores se pueden clasificar por familia, género, especie, medio de vida... Nosotros hemos decidido clasificarlas por colores porque, cuando nos las encontramos, su color es lo que más nos atrae y nos permite una primera búsqueda para identificarlas. Así podremos reconocerlas mejor y admirarlas, saber su nombre, descubrir datos sorprendentes, despertar nuestra curiosidad y las ganas de conocerlas con detalle. Esa es la finalidad de este paseo entre flores.

Virginie Aladjidi

SUMARIO

Prímula

Primula vulgaris

Familia: PRIMULÁCEAS

Altura máxima: 15 cm
Floración: de febrero a mayo / *vivaz*

La prímula común es una planta de tallo corto y velludo.
Sus pequeñas flores tienen cinco pétalos planos
que a veces se sobreponen entre sí. Sus hojas rugosas
y velludas se encuentran en la base del tallo en forma
de roseta. Su nombre, en latín, significa «primera»,
porque es una de las primeras flores de la primavera.
Le gustan las praderas húmedas y sus flores, y sus hojas se
pueden consumir en ensalada. Su raíz, que tiene olor
a anís, se emplea en fitoterapia (medicina a base de plantas),
así como las flores y las hojas nuevas.
La familia de las prímulas cuenta con 400 especies.

Una chinche
de las malvas

– *lámina 1* –

Bellorita
o flor de primavera

Primula veris

Familia: PRIMULÁCEAS

Altura máxima: 30 cm
Floración: de abril a junio / *vivaz*

La flor de primavera es prima de la prímula
común. Sus flores, que tienen un olor suave
y delicado, se agrupan en inflorescencias de umbela,
es decir, como un ramillete. La corola, compuesta
de un tubo floral y cinco pétalos, es amarilla
y está protegida por su cáliz de sépalos soldados.
Sus hojas, ovaladas y alargadas, se presentan
en forma de roseta. Tanto las hojas
como las flores son comestibles y la raíz
tiene un olor anisado. Se utiliza en fitoterapia,
especialmente contra la tos y la bronquitis,
y también se toma en infusiones
como tranquilizante y para tratar el insomnio.

— lámina 2 —

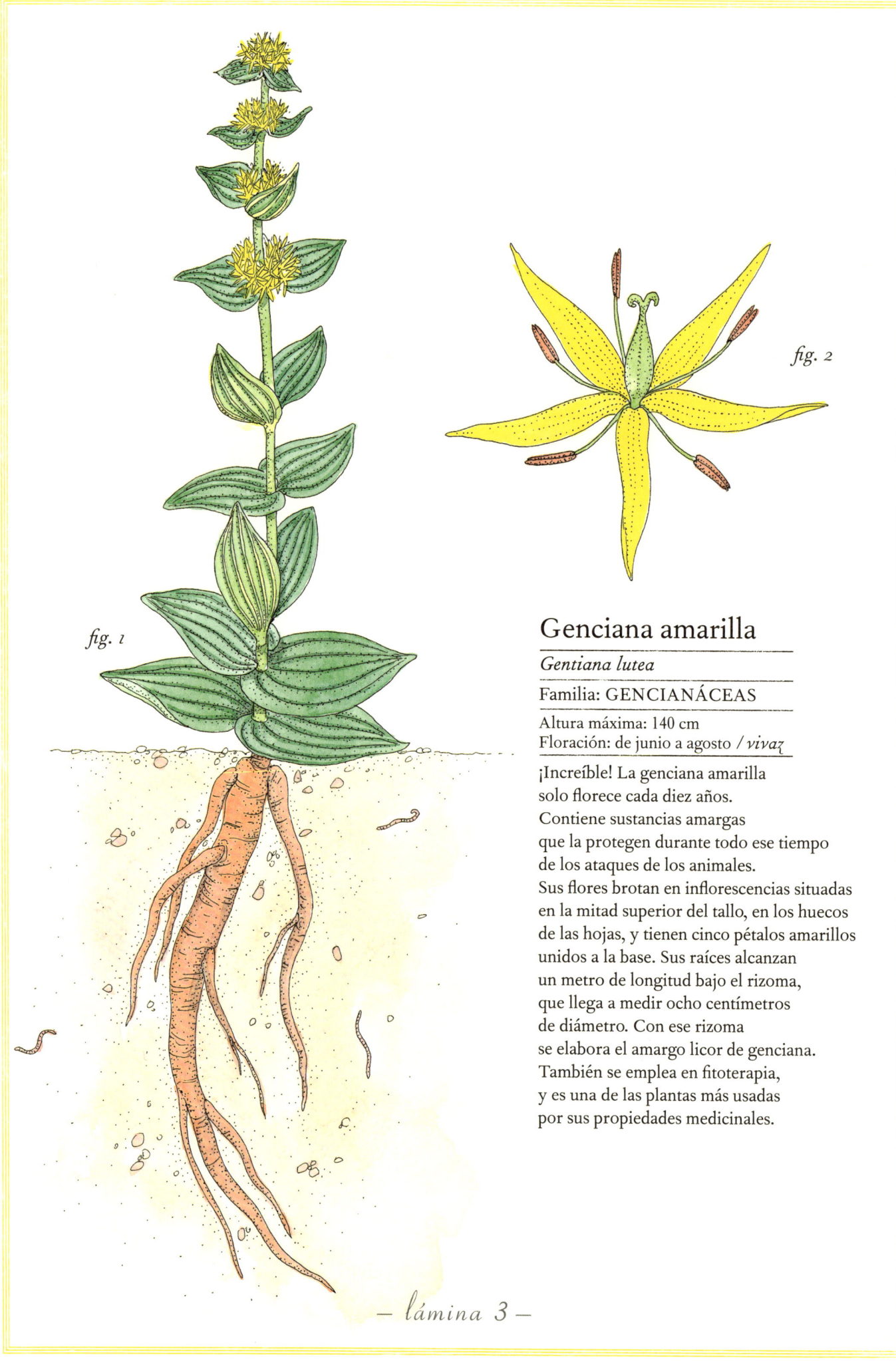

fig. 1

fig. 2

Genciana amarilla

Gentiana lutea

Familia: GENCIANÁCEAS

Altura máxima: 140 cm
Floración: de junio a agosto / _vivaz_

¡Increíble! La genciana amarilla
solo florece cada diez años.
Contiene sustancias amargas
que la protegen durante todo ese tiempo
de los ataques de los animales.
Sus flores brotan en inflorescencias situadas
en la mitad superior del tallo, en los huecos
de las hojas, y tienen cinco pétalos amarillos
unidos a la base. Sus raíces alcanzan
un metro de longitud bajo el rizoma,
que llega a medir ocho centímetros
de diámetro. Con ese rizoma
se elabora el amargo licor de genciana.
También se emplea en fitoterapia,
y es una de las plantas más usadas
por sus propiedades medicinales.

Botón de oro

Ranunculus acris

Familia: RANUNCULÁCEAS

Altura máxima: 30 cm
Floración: de mayo a septiembre / *vivaz*

El botón de oro es una flor de cinco pétalos de color
amarillo oro, apretados y brillantes que forman una copa.
Posee numerosos estambres, también amarillos, y hojas finas
y muy recortadas. El botón de oro es tóxico en crudo,
por lo que los prados en los que abunda esta flor no son buenos
para que pasten los animales, pero pierde su toxicidad
si se corta la hierba y se deja secar para convertirla en heno.
En las personas, el botón de oro puede provocar irritaciones
y ampollas en la piel, pero es comestible si se seca o se cocina.
Si te pones un botón de oro bajo la barbilla, te aparecerá
un reflejo amarillo en la piel. Su nombre en alemán,
Butterblume, significa «flor de mantequilla».

– lámina 4 –

fig. 2

fig. 1

Diente de león

Taraxacum officinale

Familia: ASTERÁCEAS

Altura máxima: 40 cm
Floración: de abril a julio / *vivaz*

El diente de león tiene muchas flores
muy pequeñas liguladas (en forma
de lengüetas), reunidas en capítulos
de color amarillo dorado.
Cada flor da un fruto (aquenio)
recubierto con un penacho sedoso
que se desprende (*véase* fig. 2).
Si se rompe el tallo,
brota una especie de látex.
El consumo de las hojas crudas
tiene un efecto diurético, es decir,
que hace orinar; por eso, su nombre
en francés es *pissenlit*, que significa
«pis en la cama».

— *lámina 5* —

Aquenio del girasol

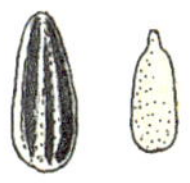

fig. 2

Girasol

Helianthus annuus

Familia: ASTERÁCEAS

Altura máxima: 100 cm
Floración: julio / *anual*

El girasol es una planta grande originaria
de América del Sur, que ya era cultivada
por los indios americanos 5000 años antes
de nuestro tiempo y que fue introducida en Europa
por los españoles en el siglo XVI. Su tallo es recto
y erguido, y su gran inflorescencia en capítulo
mide entre 10 y 30 centímetros de diámetro,
y está constituida por dos tipos de flores:
unas exteriores, liguladas y de color amarillo,
que tienen la misión de atraer a las abejas,
pero son estériles, y entre mil y dos mil flores
tubulares fértiles en el centro, dispuestas en dos espirales.
En un campo de girasoles, se puede apreciar
que todas las flores están orientadas en el mismo sentido,
mirando al sol. Sus profundas raíces les permiten resistir
las sequías de verano. Sus hojas son puntiagudas en su extremo
y un poco rugosas, a causa de sus pelillos rígidos.
Las pipas, o frutos de girasol, tostadas se consumen popularmente
en España. Desde 1960 se cultiva con más abundancia
para extraer de sus semillas un aceite comestible.

fig. 1

El pardillo come los frutos
(aquenios) del girasol.

— lámina 6 —

Narciso de campanilla
o azucena silvestre

Narcissus pseudonarcissus

Familia: AMARILIDÁCEAS

Altura máxima: 40 cm
Floración: marzo-abril / *vivaz*

El narciso de campanilla tiene una corola interior
de color amarillo intenso, con el borde ondulado,
rodeada de seis anchos tépalos de color amarillo claro.
Abunda en las praderas del norte de la península
en primavera. Sus hojas son largas, planas y con
los extremos redondeados, y se agrupan en la base
de la planta. Tanto las hojas como el tallo y el bulbo
de este narciso son tóxicos.

Las sesenta especies de narciso deben su nombre
a un personaje de la mitología griega, Narciso, que,
al inclinar la cabeza para admirar su imagen
reflejada en un lago, fue transformado en una flor
ligeramente inclinada.

— lámina 7 —

Lirio
o flor de lis

Lilium leichtlinii

Familia: LILIÁCEAS

Altura máxima: 200 cm
Floración: de mayo a septiembre / *vivaz*

Se han catalogado un centenar de especies de lirio
silvestre, algunas de las cuales viven en nuestras
montañas. Las grandes flores de esta planta bulbosa
tienen seis tépalos. El lirio de porte real es venerado
desde las civilizaciones antiguas: la mitología griega
cuenta que Hera, hermana y esposa de Zeus,
símbolo de la maternidad, dejó caer una gota
de leche de su pecho... y apareció el lirio blanco;
para los egipcios, este lirio era sagrado; y, para
los cristianos, como símbolo de pureza,
se convirtió en un atributo de la Virgen.
Además, la flor de lis es el símbolo de la
casa de Borbón, que reinó en Francia y
reina actualmente en España.

— lámina 8 —

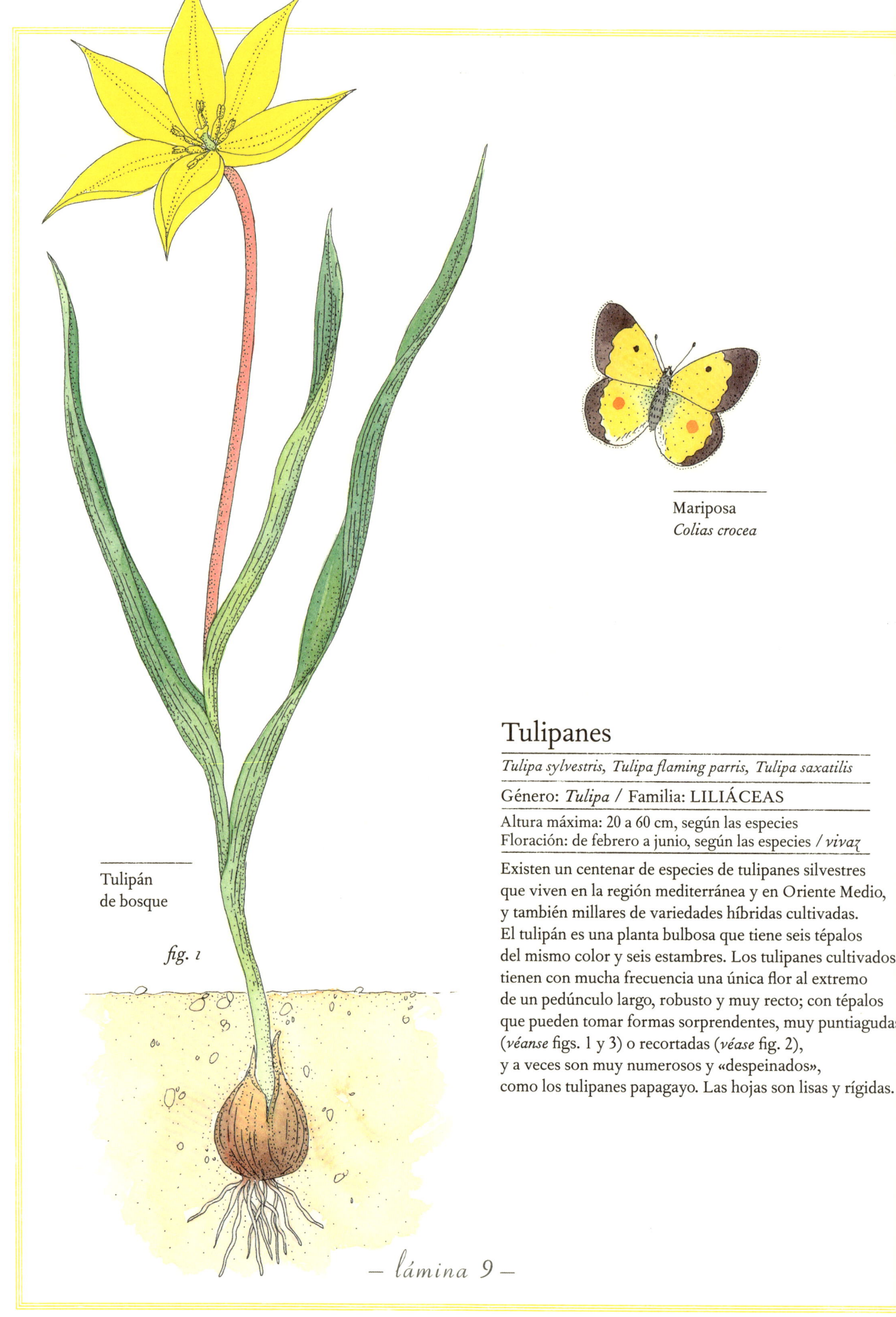

Mariposa
Colias crocea

Tulipán
de bosque

fig. 1

Tulipanes

Tulipa sylvestris, Tulipa flaming parris, Tulipa saxatilis

Género: *Tulipa* / Familia: LILIÁCEAS

Altura máxima: 20 a 60 cm, según las especies
Floración: de febrero a junio, según las especies / *vivaz*

Existen un centenar de especies de tulipanes silvestres
que viven en la región mediterránea y en Oriente Medio,
y también millares de variedades híbridas cultivadas.
El tulipán es una planta bulbosa que tiene seis tépalos
del mismo color y seis estambres. Los tulipanes cultivados
tienen con mucha frecuencia una única flor al extremo
de un pedúnculo largo, robusto y muy recto; con tépalos
que pueden tomar formas sorprendentes, muy puntiagudas
(*véanse* figs. 1 y 3) o recortadas (*véase* fig. 2),
y a veces son muy numerosos y «despeinados»,
como los tulipanes papagayo. Las hojas son lisas y rígidas.

– lámina 9 –

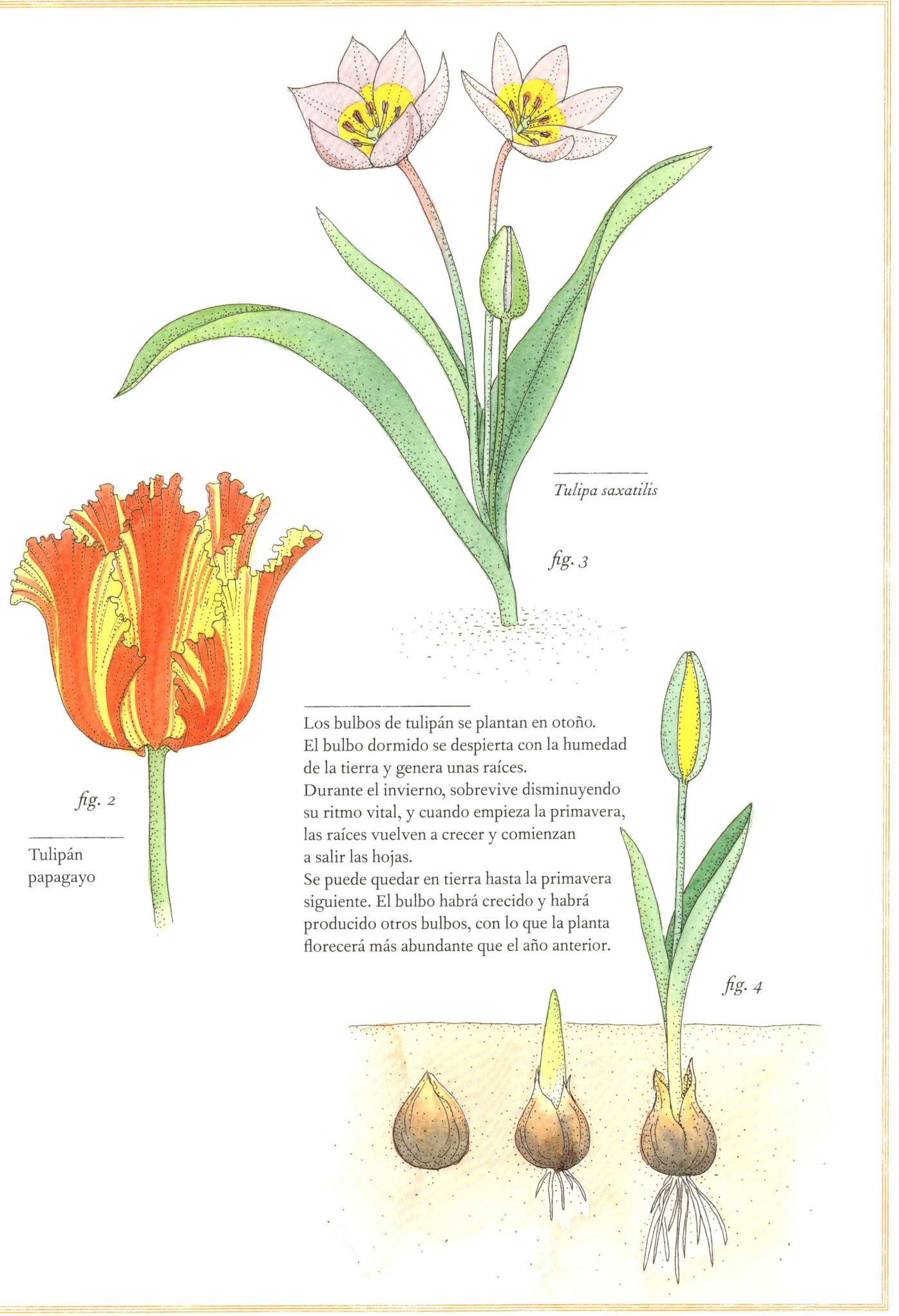

Tulipa saxatilis

fig. 3

fig. 2

Tulipán
papagayo

Los bulbos de tulipán se plantan en otoño.
El bulbo dormido se despierta con la humedad
de la tierra y genera unas raíces.
Durante el invierno, sobrevive disminuyendo
su ritmo vital, y cuando empieza la primavera,
las raíces vuelven a crecer y comienzan
a salir las hojas.
Se puede quedar en tierra hasta la primavera
siguiente. El bulbo habrá crecido y habrá
producido otros bulbos, con lo que la planta
florecerá más abundante que el año anterior.

fig. 4

Ave del paraíso
o flor del pájaro

Strelitzia reginae

Familia: ESTRELITZIÁCEAS

Altura máxima: 200 cm
Floración: dos veces al año / *vivaz*

La *Strelitzia reginae* es la más conocida
de las plantas llamadas «aves del paraíso»;
la flor se parece a un ave, y de ahí su nombre.
Es una planta originaria de África del Sur,
pero también se cultiva en España.
Las flores, que tienen los sépalos amarillos
o naranjas y los pétalos azules, se reúnen
al extremo de un grueso tallo floral.
El cáliz se presenta en forma de bráctea verde
con matices rojos, y las grandes hojas,
de largos pecíolos (la cola de la hoja),
están dispuestas en forma de abanico.
Esta planta puede florecer al principio del invierno
y al comienzo del verano, pero no soporta
ni la humedad elevada ni temperaturas
inferiores a 10 °C.

— lámina 10 —

Capuchina

Tropaeolum majus

Familia: TROPEOLÁCEAS

Altura máxima: 100 cm
Floración: verano / *anual*

La capuchina es una planta trepadora
cuyas anchas flores aisladas cuentan
con cinco pétalos dentados. Uno de esos pétalos
se prolonga en forma de un largo espolón
lleno de néctar que atrae a los abejorros.
Sus hojas redondeadas se parecen a un escudo
y sus tallos son muy largos y ramificados. La capuchina
es una flor fragante que atrae a los pulgones
y protege así de su ataque a las plantas
que tiene a su alrededor.
Tanto las hojas como las flores son picantes
y pueden consumirse crudas. Es una planta cultivada.

fig. 2

fig. 1

— lámina 11 —

Susana
de ojos negros

Thunbergia alata

Familia: ACANTÁCEAS

Altura máxima: 250 cm
Floración: verano / *vivaz, anual*

La susana de ojos negros es una planta
trepadora tropical que puede crecer en Europa,
aunque no se da bien en climas fríos,
por eso es vivaz en el sur y cultivada en el norte.
La flor crece solitaria sobre un largo pedicelo
desde la axila de las hojas. Su corola,
en forma de tubo, se abre como un embudo
y se divide en cinco lóbulos. Su corazón negro
nos recuerda a un ojo, de donde viene
su nombre. Las hojas velludas son cordiformes,
es decir, con forma de corazón.

— lámina 12 —

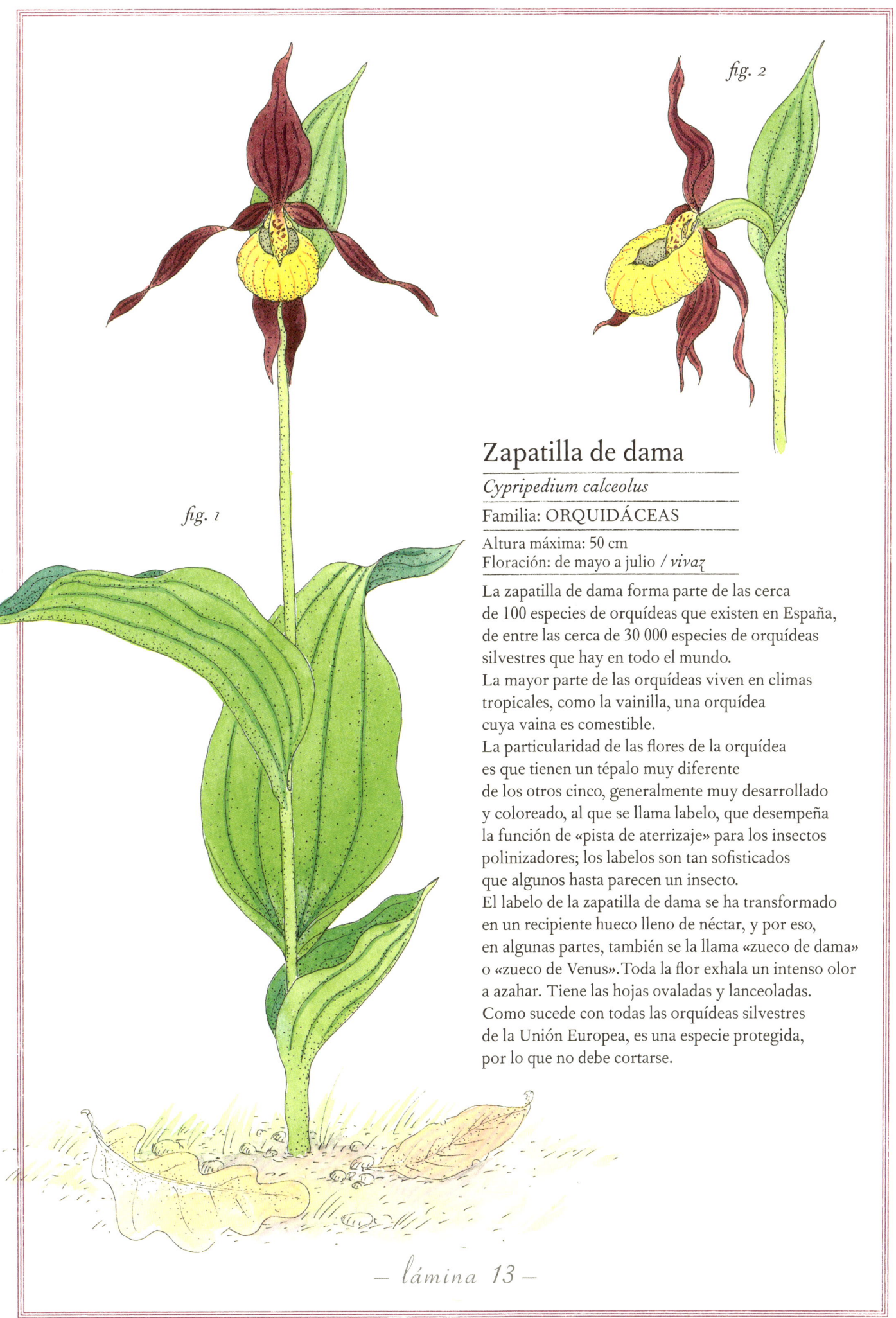

fig. 2

fig. 1

Zapatilla de dama

Cypripedium calceolus

Familia: ORQUIDÁCEAS

Altura máxima: 50 cm
Floración: de mayo a julio / *vivaz*

La zapatilla de dama forma parte de las cerca
de 100 especies de orquídeas que existen en España,
de entre las cerca de 30 000 especies de orquídeas
silvestres que hay en todo el mundo.
La mayor parte de las orquídeas viven en climas
tropicales, como la vainilla, una orquídea
cuya vaina es comestible.
La particularidad de las flores de la orquídea
es que tienen un tépalo muy diferente
de los otros cinco, generalmente muy desarrollado
y coloreado, al que se llama labelo, que desempeña
la función de «pista de aterrizaje» para los insectos
polinizadores; los labelos son tan sofisticados
que algunos hasta parecen un insecto.
El labelo de la zapatilla de dama se ha transformado
en un recipiente hueco lleno de néctar, y por eso,
en algunas partes, también se la llama «zueco de dama»
o «zueco de Venus». Toda la flor exhala un intenso olor
a azahar. Tiene las hojas ovaladas y lanceoladas.
Como sucede con todas las orquídeas silvestres
de la Unión Europea, es una especie protegida,
por lo que no debe cortarse.

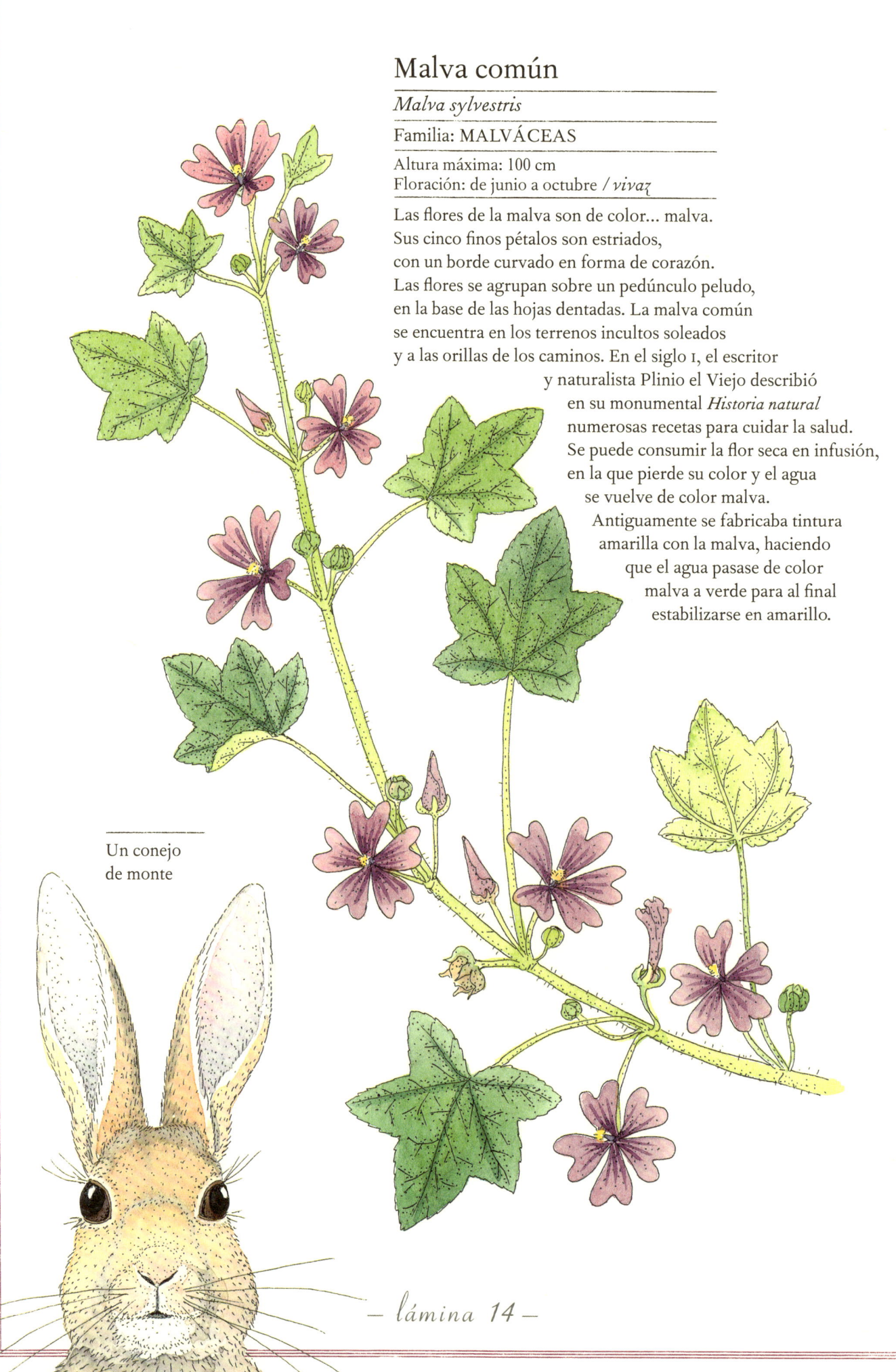

Malva común

Malva sylvestris

Familia: MALVÁCEAS

Altura máxima: 100 cm
Floración: de junio a octubre / *vivaz*

Las flores de la malva son de color... malva.
Sus cinco finos pétalos son estriados,
con un borde curvado en forma de corazón.
Las flores se agrupan sobre un pedúnculo peludo,
en la base de las hojas dentadas. La malva común
se encuentra en los terrenos incultos soleados
y a las orillas de los caminos. En el siglo I, el escritor
y naturalista Plinio el Viejo describió
en su monumental *Historia natural*
numerosas recetas para cuidar la salud.
Se puede consumir la flor seca en infusión,
en la que pierde su color y el agua
se vuelve de color malva.
Antiguamente se fabricaba tintura
amarilla con la malva, haciendo
que el agua pasase de color
malva a verde para al final
estabilizarse en amarillo.

Un conejo
de monte

– lámina 14 –

fig. 1

Crocus de primavera
u holandés

Crocus vernus

Familia: IRIDÁCEAS

Altura máxima: 15 cm
Floración: de febrero a mayo / *vivaz*

El crocus holandés es una planta bulbosa,
de la que en primavera brota una flor
de seis tépalos de color violeta, amarillo
o blanco. Los tres estambres son amarillos
y el pistilo es rojo anaranjado.
Las hojas, que salen de la tierra
después de la flor, son largas y estrechas.
Se puede encontrar en la montaña,
y no hay que confundirlo con el cólquico,
que tiene seis estambres.
Existen alrededor de 90 especies de crocus.

Azafrán

Crocus sativus

Familia: IRIDÁCEAS

Altura máxima: 12 cm
Floración: otoño / *vivaz, anual*

El azafrán también es un crocus, pero florece en otoño.
Esta flor tiene seis tépalos de color violeta,
con tres estambres amarillos y un pistilo rojo
que solo dura veinticuatro horas. Sus hojas son muy finas
y largas. El pistilo de este crocus cultivado termina
en tres estigmas muy fragantes que, una vez secos,
y a veces transformados en polvo, se emplean
en la cocina para dar color y sabor a las comidas:
es el azafrán, ¡la especia más cara del mundo!

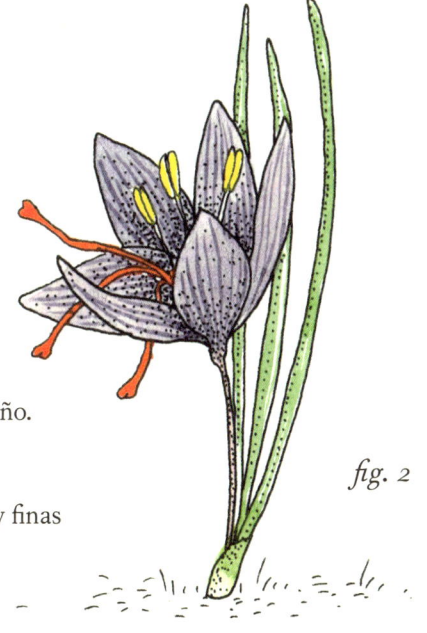

fig. 2

Un caballito
del diablo

Tablero de damas

Fritillaria meleagris

Familia: LILIÁCEAS

Altura máxima: 30 cm
Floración: abril-mayo / *vivaz*

Esta planta tóxica forma un bulbo
de olor desagradable. Sus flores tienen una corola
en forma de campana en tonos púrpura y blanco
dispuestos en forma de damero, como el plumaje de la pintada
(Numida meleagris), de donde le viene el nombre en latín.
Su néctar, presente en todos los pétalos, atrae a los abejorros
y las abejas, y de su tallo salen entre cuatro y seis hojas.
Esta especie era muy abundante cerca de los cursos de agua,
pero actualmente está amenazada por la rápida desaparición
de muchas de las zonas húmedas donde crecía.
Es una especie protegida que no hay que cortar.

— lámina 16 —

fig. 2

fig. 1

Espliego
o lavanda

Lavandula angustifolia

Familia: LAMIÁCEAS

Altura máxima: 50 cm
Floración: julio / *vivaz*

En la densa espiga del espliego se aprietan
muchas flores fragantes de solo un centímetro.
Más abajo, en el pedúnculo, se encuentran flores
en círculo alrededor del eje, en una disposición
que se llama «en verticilo». Sus hojas son
de un color azul grisáceo. El espliego es
una planta melífera, es decir, una de las muchas
que buscan las abejas para recoger su néctar
y fabricar la miel. Del espliego se extrae aceite
para elaborar perfumes, y sus flores
se dejan secar para perfumar los armarios.

fig. 3

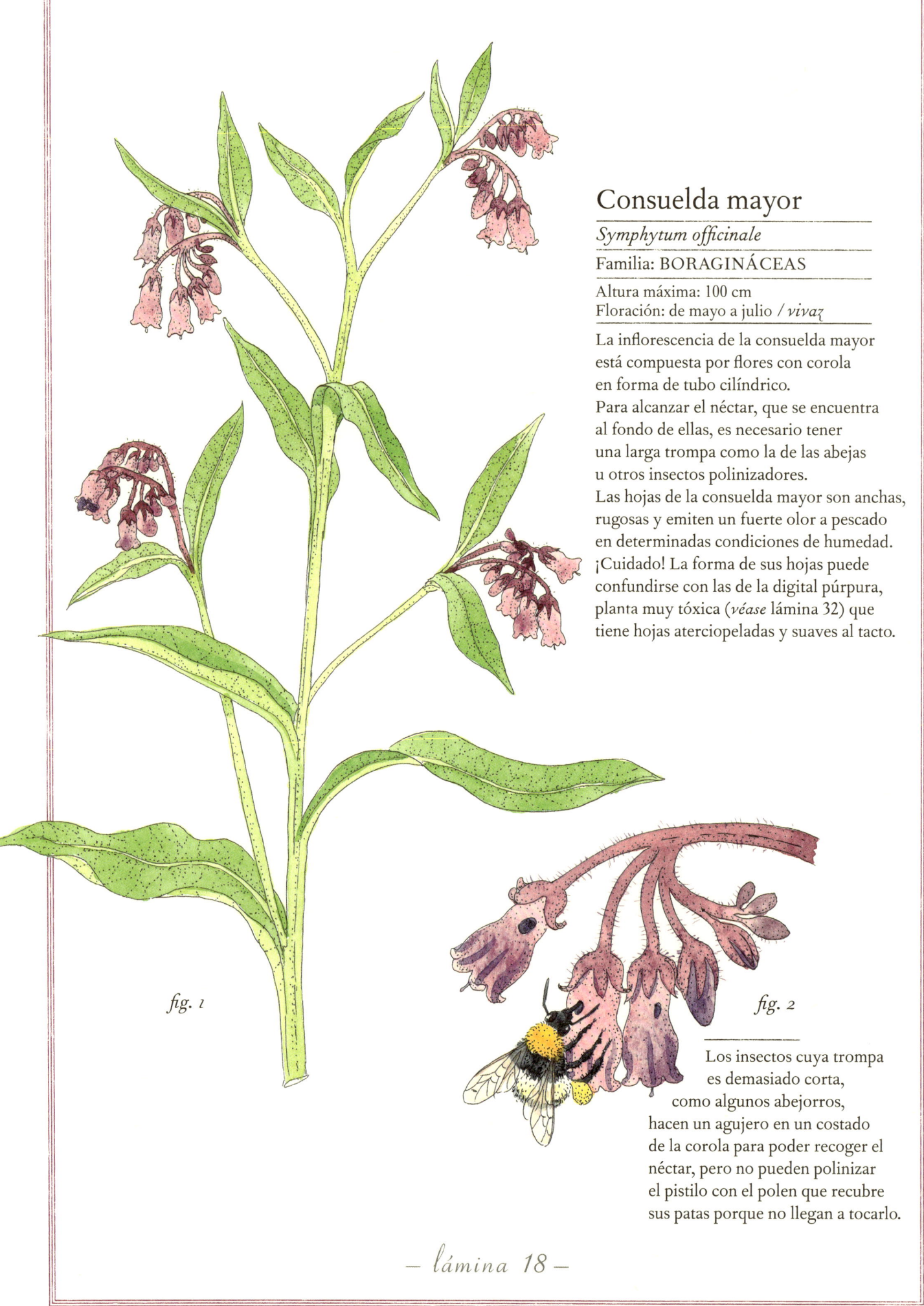

Consuelda mayor

Symphytum officinale

Familia: BORAGINÁCEAS

Altura máxima: 100 cm
Floración: de mayo a julio / *vivaz*

La inflorescencia de la consuelda mayor
está compuesta por flores con corola
en forma de tubo cilíndrico.
Para alcanzar el néctar, que se encuentra
al fondo de ellas, es necesario tener
una larga trompa como la de las abejas
u otros insectos polinizadores.
Las hojas de la consuelda mayor son anchas,
rugosas y emiten un fuerte olor a pescado
en determinadas condiciones de humedad.
¡Cuidado! La forma de sus hojas puede
confundirse con las de la digital púrpura,
planta muy tóxica (*véase* lámina 32) que
tiene hojas aterciopeladas y suaves al tacto.

fig. 1

fig. 2

Los insectos cuya trompa
es demasiado corta,
como algunos abejorros,
hacen un agujero en un costado
de la corola para poder recoger el
néctar, pero no pueden polinizar
el pistilo con el polen que recubre
sus patas porque no llegan a tocarlo.

— lámina 18 —

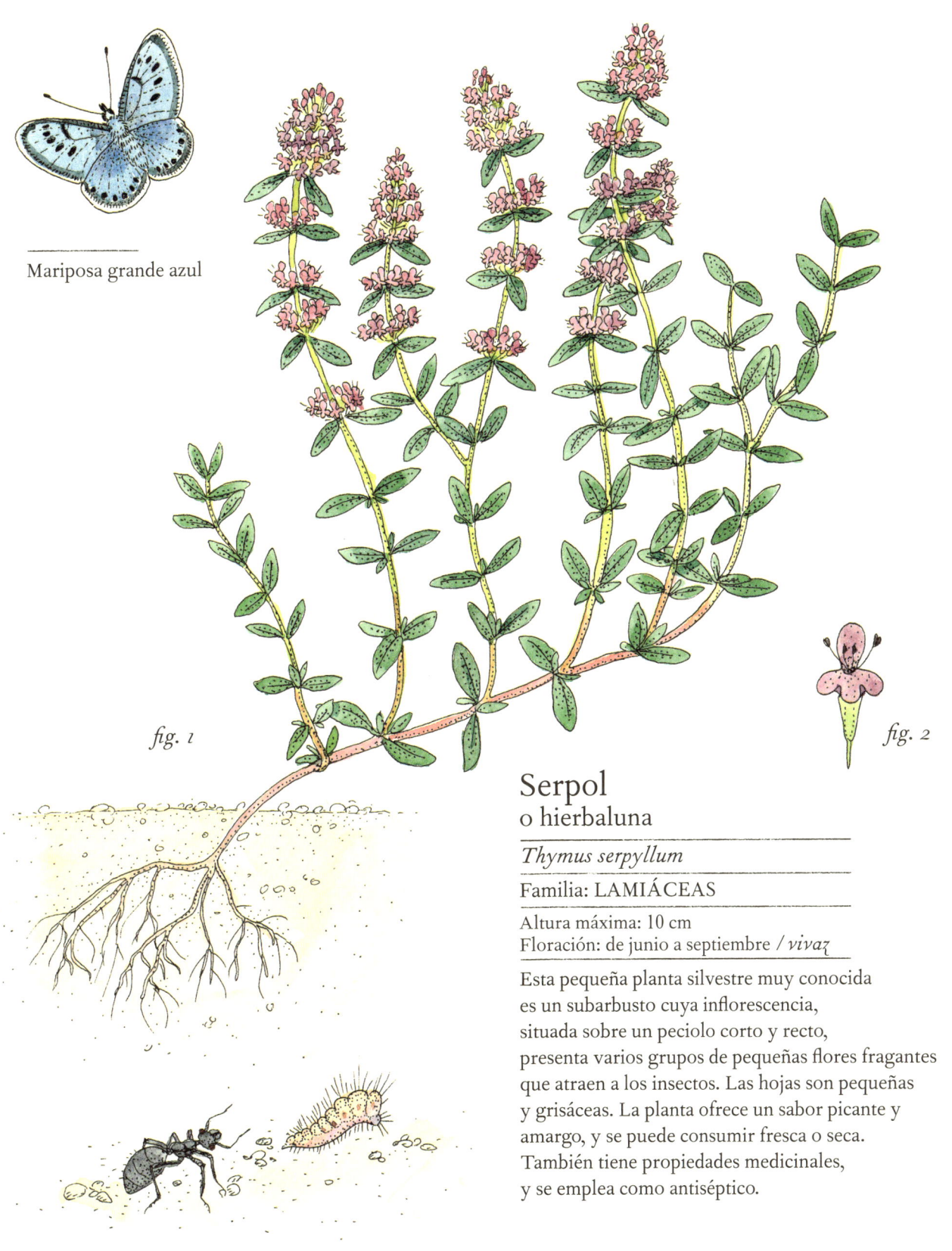

Mariposa grande azul

fig. 1

fig. 2

Serpol
o hierbaluna

Thymus serpyllum

Familia: LAMIÁCEAS

Altura máxima: 10 cm
Floración: de junio a septiembre / *vivaz*

Esta pequeña planta silvestre muy conocida
es un subarbusto cuya inflorescencia,
situada sobre un peciolo corto y recto,
presenta varios grupos de pequeñas flores fragantes
que atraen a los insectos. Las hojas son pequeñas
y grisáceas. La planta ofrece un sabor picante y
amargo, y se puede consumir fresca o seca.
También tiene propiedades medicinales,
y se emplea como antiséptico.

El serpol es la planta huésped de la oruga
de la mariposa grande azul, que se alimenta de
sus flores. En cuanto la oruga cae al suelo,
las hormigas la llevan al hormiguero,
donde se alimenta de larvas
hasta su metamorfosis en mariposa.

— lámina 19 —

Violeta

Viola odorata

Familia: VIOLÁCEAS

Altura máxima: 10 cm
Floración: marzo-abril / *vivaz*

La violeta crece en terrenos ricos y en climas suaves,
en las lindes del bosque o al borde de los caminos.
Su flor, que contiene un aceite fragante muy empleado
en perfumería, está compuesta por cinco pétalos violetas
y uno inferior listado en blanco. Las hojas están dispuestas
en roseta y se pueden consumir en ensalada o en sopa,
y con sus flores se puede hacer un jarabe de sabor acidulado
que, cristalizado, se convierte en los deliciosos caramelos
de violeta.

Unas chinches
de las malvas

Tripolio
o barbarroja

Aster tripolium

Familia: ASTERÁCEAS

Altura máxima: 60 cm
Floración: de julio a septiembre / *bianual*

El tripolio vive en las zonas pantanosas salinas
de las costas europeas. La sal le resulta tóxica, y, para
librarse de ella, la almacena en sus hojas inferiores,
que terminan poniéndose amarillas y cayendo,
para preservar así el resto de la planta.
Como todas las asteráceas, el tripolio tiene flores
agrupadas en capítulo, con flores tubulares amarillas
en el centro y flores liguladas de color malva o azul alrededor.
Las hojas son ovaladas y alargadas, de aspecto arrugado
y con olor a ajo, y se pueden consumir en primavera.
En Asturias al tripolio se le llama «barbarroja»
por el color de sus hojas inferiores.

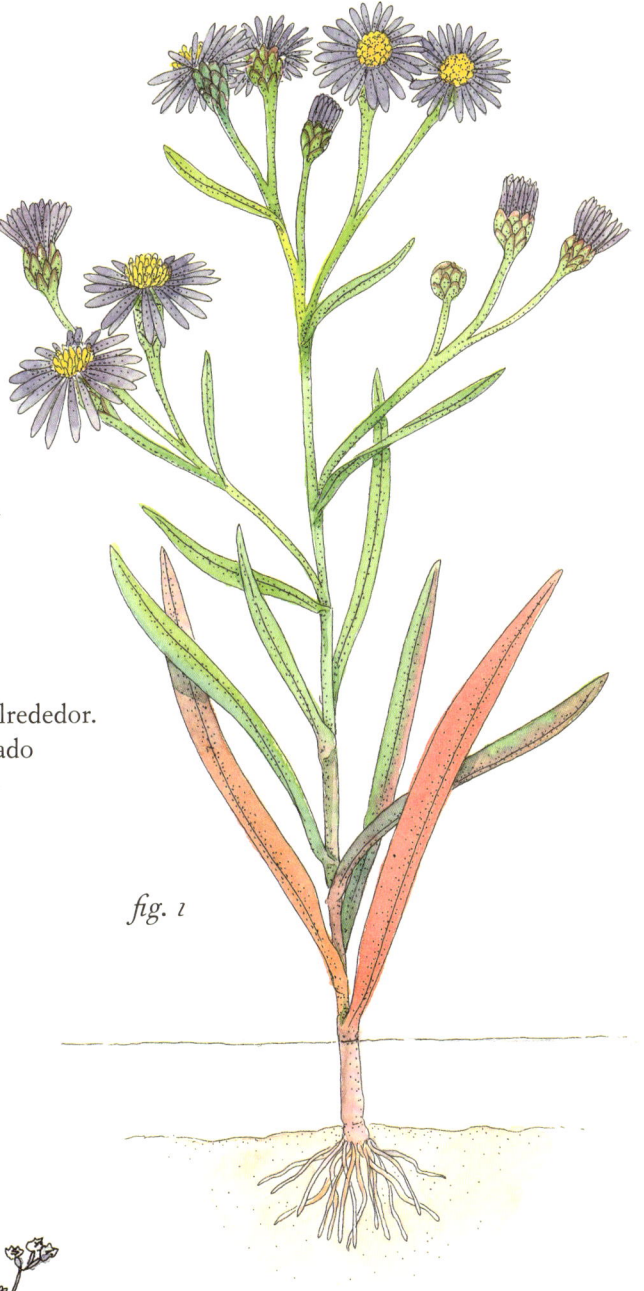

fig. 1

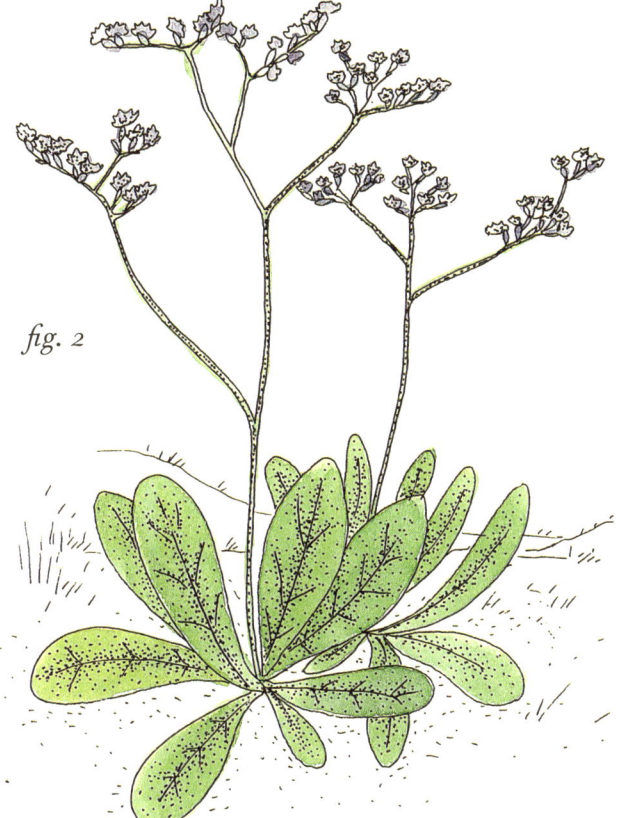

fig. 2

Limonio
o acelga salada

Limonium vulgare

Familia: PLUMBAGINÁCEAS

Altura máxima: 80 cm
Floración: de julio a octubre / *vivaz*

Esta flor violácea de inflorescencia muy ramificada
coloniza las arenas marítimas del Atlántico
y el Mediterráneo, sin importarle la sal que existe
en el suelo. El limonio puede vivir en zonas
que ocasionalmente quedan cubiertas por las mareas.
En algunas zonas se le llama lirio o lavanda de mar,
por el color de sus flores...,
¡pero no es una auténtica lavanda!

Raflesia

Rafflesia arnoldii

Familia: RAFFLESIÁCEAS

Floración: entre mayo y octubre,
una vez cada 10 años / *vivaz*

Esta flor, que es la más grande del mundo,
vive en Indonesia, y su gigantesca corola
puede llegar a tener un metro de diámetro
y once kilos de peso. La raflesia es un parásito
de las lianas tropicales (como el muérdago
en nuestros bosques). Durante un año
o dos se desarrolla sin que se la vea y después
aparece el botón floral y crece hasta alcanzar
cuarenta centímetros de diámetro
(como un balón grande de playa).
Entonces la flor se abre, exhalando un olor
fétido, y extiende cinco pétalos carnosos,
rojos, con pústulas de color crema.
La floración solo dura tres días
¡y se produce una vez cada diez años!

fig. 1

Aro gigante
o bunga bangkai

Amorphophallus titanum

Familia: ARÁCEAS

Altura máxima: 310 cm
Floración: entre octubre y marzo,
durante la estación de las lluvias,
una o dos veces cada 10 años / *vivaz*

Esta flor de la selva de la isla de Sumatra (Indonesia)
florece solamente durante setenta y dos horas.
Su nombre indonesio, bunga bangkai, significa «flor cadáver»
y su denominación científica latina significa «pene deforme
de titán», y, de hecho, su inflorescencia erecta puede
sobrepasar los tres metros de altura. Su tallo es muy corto,
y la parte púrpura es una bráctea, una hoja coloreada dentro
de la cual se encuentra la inflorescencia: un eje recto
cubierto de centenares de flores pequeñísimas.
No se puede predecir su floración, que ocurre una
o dos veces cada diez años... Como en la selva indonesia
han desaparecido la mitad de los árboles, el aro gigante
está en grave peligro, pero se cultiva en bastantes jardines
botánicos de todo el mundo.

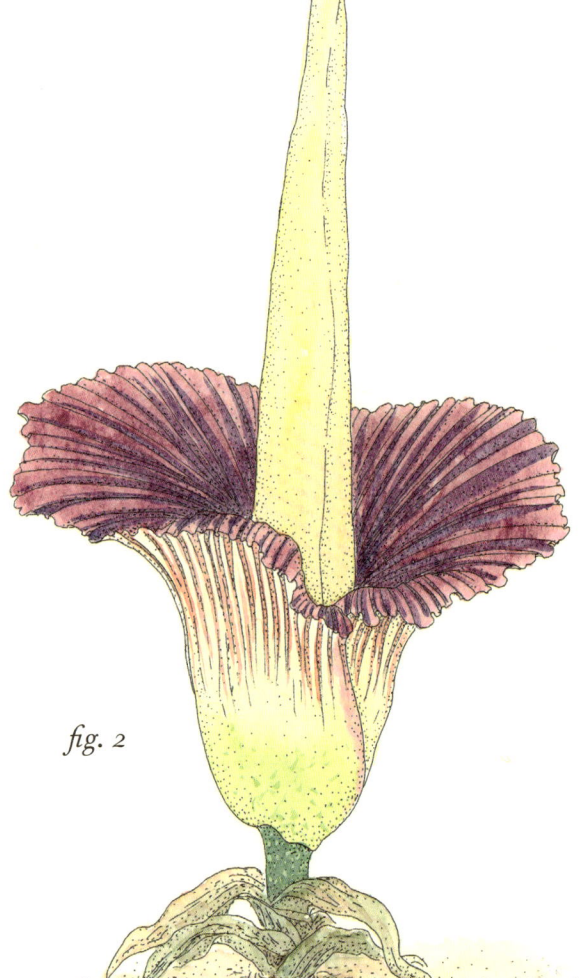

fig. 2

Nazareno

Muscari neglectum

Familia: LILIÁCEAS

Altura máxima: 30 cm
Floración: abril-mayo / *vivaz*

El nazareno tiene las flores reunidas en densos racimos de olor almizclado.
Es una planta tóxica, pero su bulbo se puede consumir una vez cocinado.
Las hojas se agrupan en roseta en la base del tallo. Esta planta crece
especialmente en las viñas, pero cada vez se hace más rara porque sus bulbos
son destruidos por las labores profundas de las máquinas de cultivo.

fig. 3

fig. 1

fig. 2

Arañuela
o cabellos de Venus

Nigella damascena

Familia: RANUNCULÁCEAS

Altura máxima: 50 cm
Floración: mayo-junio / *anual*

Esta planta es propia de las regiones mediterráneas, en particular, de Siria, como indica su nombre científico (de Damasco). Tiene un cáliz de sépalos azules de dos centímetros de longitud y, en el centro, los pétalos son como pequeños cuernecillos repletos de néctar, cerrados por un opérculo que el insecto abre para introducir en él su órgano de succión. Justo bajo la flor, hay unas brácteas finas como cabellos, dispuestas en forma de collar, lo que explica su nombre de «cabellos de Venus». La flor produce un fruto esférico decorativo cuyas semillas negras tienen olor a fresa.

— lámina 24 —

Mariquita

Aciano
o azulejo

Cyanus segetum

Familia: ASTERÁCEAS

Altura máxima: 60 cm
Floración: de junio a octubre / *anual*

En los campos de cereales o en los vertederos,
siempre encontramos al azulejo
cerca de la roja amapola.
Las flores del aciano se reúnen
en una inflorescencia en capítulo
al extremo de un frágil pedúnculo.
Sus hojas son estrechas, con una cara lanosa.
Sus flores se utilizan en repostería.
Debido al uso de herbicidas
en los campos de cultivo,
esta flor es ahora más escasa
que hace años.

fig. 2

fig. 1

Nomeolvides

Myosotis arvensis

Familia: BORAGINÁCEAS

Altura máxima: 40 cm
Floración: de abril a octubre / *vivaz, anual*

Las pequeñísimas flores de la nomeolvides
se agrupan en un tipo de inflorescencia llamado cima.
Tienen la corola azul con el centro amarillo,
y el cáliz, formado por los cinco pétalos soldados,
cuenta con cinco dedos puntiagudos con pelillos suaves.
La nomeolvides se emplea en la cocina para decorar,
no por su sabor. Su olor repele al gusano de la frambuesa;
por eso, para conseguir buenas frambuesas,
¡hay que plantar nomeolvides a su lado!
A esta planta también se la llama «oreja de ratón»,
que es lo que significa en griego su nombre científico.

— lámina 26 —

Loto azul
o loto egipcio

Nymphaea nouchali

Familia: NINFEÁCEAS

Altura máxima: 50 cm
Floración: comienzo del verano / *vivaz*

El loto azul es una planta acuática
originaria de la India y de Egipto,
que exhala por la noche un delicado
perfume; al contrario que su pariente
el loto blanco, que esparce su olor
durante el día. Sus pétalos son azules,
finos y puntiagudos, implantados
en espiral, y los estambres son amarillos.
Su follaje es persistente, de grandes hojas
verdes flotantes, hendidas en la base,
que pueden alcanzar cuarenta centímetros
de diámetro. Los pedúnculos de la
inflorescencia, que los antiguos egipcios
consumían hervidos, son rígidos
y carnosos.

Gladiolo

Gladiolus communis

Familia: IRIDÁCEAS

Altura máxima: 150 cm
Floración: mayo-junio / *vivaz*

Existen más de 250 especies de gladiolos.
Tienen las hojas rígidas, como pequeñas espadas,
que es lo que significa su nombre en latín.
El gladiolo común posee entre cinco y doce flores
poco fragantes, dispuestas en espiga todas
al mismo lado del tallo.

Conejo de monte

— lámina 28 —

Clavellina

Dianthus deltoides

Familia: CARIOFILÁCEAS

Altura máxima: 40 cm
Floración: de junio a septiembre / *vivaz*

Las clavellinas forman una alfombra
sobre el suelo seco. Su flor está aislada
al extremo del tallo, y por la noche cierra
sus cinco pétalos, que son de color rosa
con puntitos blancos y una raya oscura,
y de forma casi triangular (deltoides,
como indica su nombre científico).
Las hojas son lanceoladas, con un borde rugoso
y un aspecto velludo. La clavellina no es comestible,
pero otras especies del género *Dianthus* sí lo son;
todas ellas son especies protegidas.

fig. 1

fig. 2

— *lámina 29* —

Las flores tubulares de los cardos están reunidas
en un capítulo inclinado, bordeado por brácteas
en forma de espinas rígidas curvadas.
El olor dulce de estas flores atrae a numerosos insectos.
Las hojas de los cardos son espinosas.
El ciclo de vida del cardo se desarrolla durante dos años,
y la planta florece al segundo año,
después de un período de frío, tras el que
produce las semillas, y luego se seca y muere.
Por lo tanto, el cardo es una planta bianual.

Cardo

Carduus nutans

Familia: ASTERÁCEAS

Altura máxima: 100 cm
Floración: de julio a septiembre / *bianual*

fig. 1

Una mariposa
apolo blanca

fig. 2

Cardencha
o cardo borriquero

Silybum marianum

Familia: ASTERÁCEAS

Altura máxima: 200 cm
Floración: julio

Abejorro

Trébol rojo

Trifolium pratense

Familia: FABÁCEAS

Altura máxima: 40 cm
Floración: de junio a septiembre / *vivaz*

El trébol de los prados forma inflorescencias
globulosas esféricas de pequeñas flores rosadas
que atraen a los insectos que tienen la trompa
lo bastante larga para alcanzar el néctar.
Cada minúscula flor posee las características
de muchas de las flores de la familia de las fabáceas,
con su corola de cinco pétalos, uno de los cuales
está erecto y se llama «estandarte». El cáliz es un tubo
velludo, y justo debajo de la inflorescencia se encuentran
las hojas. El trébol sirve como forraje para los animales
y fertiliza el suelo. Es comestible y de él se extraen
un centenar de sustancias que se emplean en medicina.

Las hojas del trébol blanco *(Trifolium repens)* a veces
tienen cuatro foliolos. Encontrar un trébol de cuatro foliolos
se interpreta como señal de buena suerte.

fig. 1

fig. 2

— lámina 31 —

Dedalera
o digital

Digitalis purpurea

Familia: ESCROFULARIÁCEAS

Altura máxima: 150 cm
Floración: de junio a agosto / *bianual*

La dedalera es una planta de olor muy desagradable
y muy tóxica —en algunos casos, consumirla puede ser
mortal— que podemos encontrar en los caminos y
los bosques de montaña: ¡no hay que tocarla!
Se presenta en racimos de flores inclinadas hacia abajo,
con corola en forma de tubo acampanado, y con los pétalos
soldados en forma de dedos, de ahí su nombre.
Esos cinco pétalos soldados miden cinco centímetros
de largo, son de un color que va del rojo carmín al rosa,
e incluso al blanco, y en su interior tiene manchas oscuras.

La espiga floral no aparece
hasta el segundo año,
por lo que es
una planta bianual
cuyo polen es dispersado
por los abejorros.
Sus hojas se parecen
a las de la consuelda mayor
(*véase* lámina 18),
pero las de la dedalera
son aterciopeladas.

fig. 1

fig. 2

— *lámina 32* —

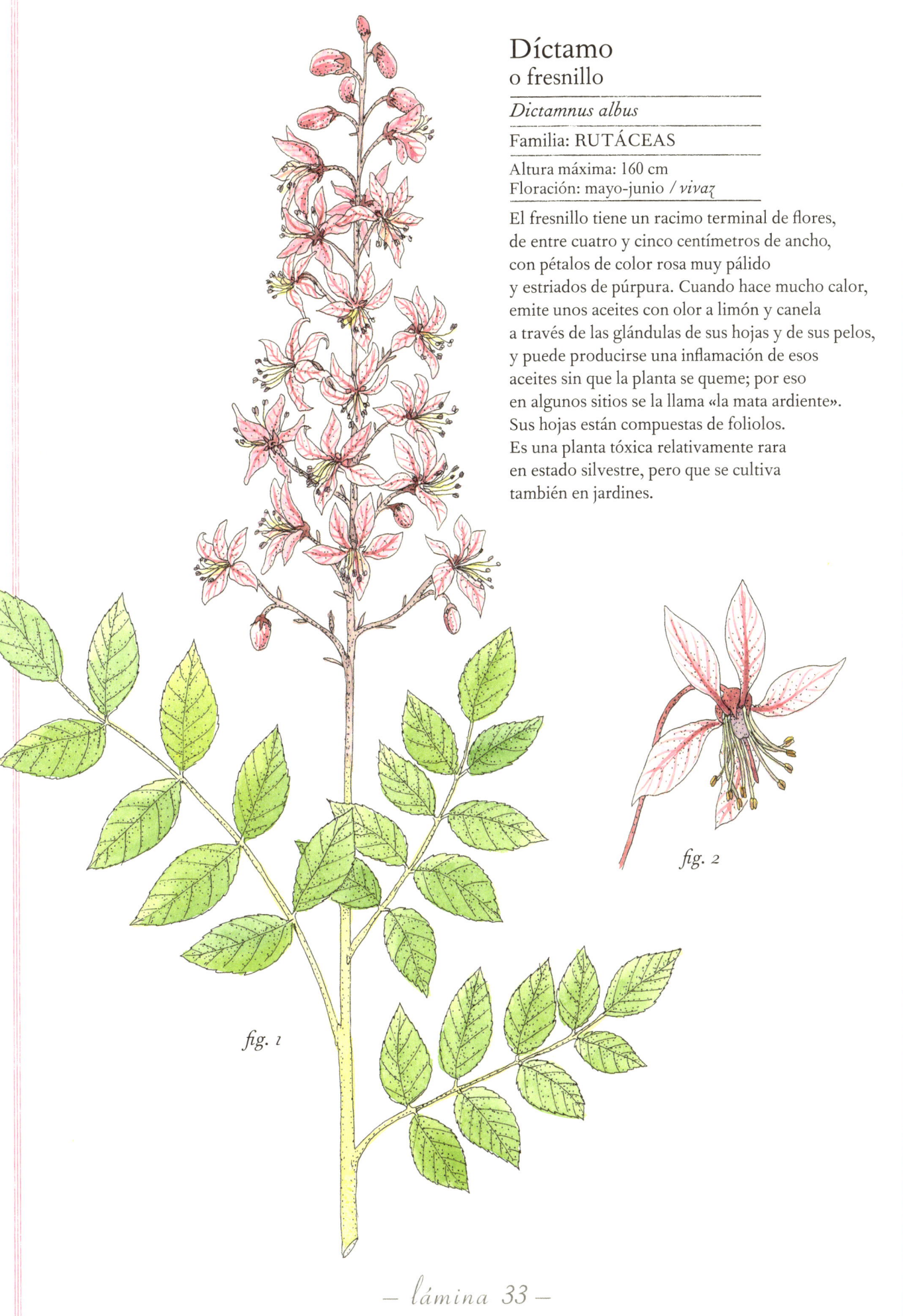

Díctamo
o fresnillo

Dictamnus albus

Familia: RUTÁCEAS

Altura máxima: 160 cm
Floración: mayo-junio / *vivaz*

El fresnillo tiene un racimo terminal de flores,
de entre cuatro y cinco centímetros de ancho,
con pétalos de color rosa muy pálido
y estriados de púrpura. Cuando hace mucho calor,
emite unos aceites con olor a limón y canela
a través de las glándulas de sus hojas y de sus pelos,
y puede producirse una inflamación de esos
aceites sin que la planta se queme; por eso
en algunos sitios se la llama «la mata ardiente».
Sus hojas están compuestas de foliolos.
Es una planta tóxica relativamente rara
en estado silvestre, pero que se cultiva
también en jardines.

fig. 2

fig. 1

— lámina 33 —

Cólquico
o quitameriendas

Colchicum autumnale

Familia: COLCHICÁCEAS

Altura máxima: 40 cm
Floración: de agosto a primeros
de noviembre / *vivaz*

Los animales evitan comer el cólquico
(en algunos lugares también se le llama
«mataperros»), porque toda la planta
es tóxica. Su bulbo está hundido
a mucha profundidad en la tierra,
y, cuando brota en otoño, crece sin tallo
y como un largo tubo floral sin hojas
y con seis pétalos de color lila, rosa
o blanco. En primavera ya se pueden ver
sus hojas y sus frutos.

— lámina 34 —

Correhuela

Convolvulus arvensis

Familia: CONVOLVULÁCEAS

Altura máxima: 200 cm si se instala sobre un soporte
Floración: de junio a septiembre / *vivaz*

Las flores aisladas de la correhuela nacen
en la base o en la axila de las hojas,
y no duran más que unas horas,
desde que sale el sol hasta primera hora
de la tarde: son efímeras.
La corola tiene forma de embudo ensanchado
de dos centímetros de largo. Con sus tallos
delgados, la correhuela puede ahogar
las plantas sobre las que se enrolla.
Sus semillas presentan forma de cápsulas.

Persicaria anfibia
o polígono anfibio

Persicaria amphibia

Familia: POLIGONÁCEAS

Altura máxima: 300 cm
Floración: de junio a septiembre / *vivaz*

La persicaria anfibia vive en el agua o en tierra.
En el agua, su tallo puede alcanzar los tres metros
y sus hojas, que flotan, los diez centímetros.
Esta planta es muy escasa, porque su medio de vida,
estanques y marismas, se ha reducido en los últimos tiempos.
Tiene flores de pequeños pétalos de cuatro milímetros,
que se agrupan en espigas cilíndricas apretadas
del tamaño de un dedo.

Rana verde

— *lámina 36* —

Malva real
o malva loca

Alcea rosea

Familia: MALVÁCEAS

Altura máxima: 250 cm
Floración: de junio a septiembre / *vivaz, bianual*

La malva real puede vivir en condiciones extremas,
porque su raíz se hunde profundamente en el suelo
para encontrar el agua. Es una planta grande,
que forma un peciolo floral muy alto y fuerte, que
porta numerosas flores que salen desde la base
y permanecen durante todo el verano. Los cinco grandes pétalos
pueden ser rojos, blancos, amarillos o púrpuras, en función
de las variedades. Las flores son comestibles en crudo (los franceses
las sirven para acompañar al queso fresco) y también en tisana,
al hacer infusión a partir de sus pétalos secos.

fig. 1

fig. 2

fig. 3

Después de la floración
se recogen las semillas
de las cápsulas.

— lámina 37 —

Rosa canina

Rosas

Género: *Rosa*

Familia: ROSÁCEAS

vivaz

La rosa es la planta más cultivada
en todo el mundo. Existen un centenar
de especies silvestres y millares de
especies cultivadas, las llamadas
variedades cultivares. La rosa crece
sobre un arbusto espinoso, el rosal.
Las variedades cultivares tienen
numerosos pétalos imbricados,
mientras que las silvestres solo tienen cinco,
como el rosal silvestre o escaramujo,
el más común en nuestros campos.
Las hojas, el tamaño y la floración
son muy diferentes de una variedad
de rosa a otra.

— lámina 38 —

En la antigüedad, la rosa cautivó a griegos,
romanos y egipcios, y se cultivó también en Persia
y en China. En la época de las cruzadas,
en el siglo XII, se importaron nuevas especies
desde Asia a Europa y la flor incrementó su popularidad.
La rosa es más o menos fragante según la especie,
y algunas de ellas se destilan para extraer la esencia
de rosa, que se emplea para crear perfumes.
Es la flor utilizada tradicionalmente en las declaraciones
de amor.

Rosa de Damasco

Cariño,
vamos a ver si la rosa...

Pierre de Ronsard

Cetonia
dorada

Amapola

Papaver rhoeas

Familia: PAPAVERÁCEAS

Altura máxima: 90 cm
Floración: de mayo a julio / *anual*

La amapola es una flor solitaria de cinco pétalos finos, rojos como la cresta de un gallo. Abre la corola por la mañana desplegando sus pétalos arrugados, y los abejorros acuden entonces a alimentarse de sus granos de polen. Si se rompe el tallo piloso de la amapola, mana de él una savia lechosa, que es un látex tóxico. La planta está anclada a tierra por unas largas raíces que pueden alcanzar un metro de profundidad en los campos de cereales o en los terrenos baldíos. Los pétalos son comestibles, pero no así los estambres.

fig. 1

La cápsula oval es el fruto de la amapola. Contiene gran cantidad de semillas pequeñísimas y comestibles que serán esparcidas por el viento.

fig. 2

Peonía china
o rosa de monte

Paeonia lactiflora

Familia: PEONIÁCEAS

Altura máxima: 70 cm
Floración: mayo-junio / *vivaz*

Existen unas treinta especies de peonías silvestres. Es una flor fragante y con muchos estambres que viene de China. Era conocida por los antiguos griegos por sus propiedades medicinales, y aún se utiliza su raíz tuberosa en fitoterapia. Las peonías no soportan ser desplazadas, y, cuanto más envejecen, más abundantemente florecen. Los jardineros afirman que las peonías herbáceas pueden llegar a vivir cien años.

— lámina 40 —

fig. 1

fig. 2

Dalia cactus

Dahlia «Cactus»

Familia: ASTERÁCEAS

Altura máxima: 150 cm
Floración: desde junio hasta las primeras heladas / *vivaz*

La dalia cactus tiene grandes flores, que pueden llegar hasta los veinte centímetros de diámetro, compuestas de pétalos puntiagudos y enrollados sobre sí mismos en sentido longitudinal (es decir, son tubulares), soportados por un tallo hueco y recto. Actualmente existen unas 40 000 variedades cultivadas de dalias. La dalia es una planta vivaz de tallo y hojas caducas. El tubérculo (*véase* fig. 2), muy sensible al hielo, es comestible hervido; los aztecas lo consumían como verdura, ya que su sabor es parecido al de la alcachofa.
Como muchas otras plantas, la dalia debe su nombre al naturalista que la estudió y la describió: el botánico sueco Anders Dahl.

— lámina 41 —

Un macaón

El naturalista sueco
Carl von Linneo creó el nombre
de zinnia en el siglo XVIII
como homenaje al botánico alemán
Johann Gottfried Zinn.

Cinia

Zinnia elegans

Familia: ASTERÁCEAS

Altura máxima: 70 cm
Floración: de junio a septiembre / *vivaz, anual*

La cinia es originaria de México. La inflorescencia
forma una gran bola, compuesta de flores liguladas,
cuyos pétalos están soldados entre sí.
Estas lengüetas están reunidas en capítulos,
en el extremo de un pedúnculo rígido que crece en
medio de una roseta de grandes flores ovaladas
y puntiagudas. Las flores atraen a numerosos
abejorros y mariposas, y son comestibles.
Algunas cinias en estado silvestre cuentan
con una única fila de flores liguladas.

– lámina 42 –

Anémona de jardín

Anemone coronaria

Familia: RANUNCULÁCEAS

Altura máxima: 40 cm
Floración: de febrero a abril / *anual*

Existen centenares de especies de anémonas,
cuyo nombre en griego antiguo podría significar
«hija del viento». Tiene una flor solitaria
y venenosa, y las hojas se dividen en láminas.
En el siglo XVII, un botánico francés fue el primero
que trajo una anémona de Constantinopla,
y un edil del Parlamento consiguió robarle
algunas semillas al frotar su abrigo contra la planta.
La anémona acabó convirtiéndose en una
de las flores favoritas de los parisienses.

Margarita menor o chiribita

Bellis perennis

Familia: ASTERÁCEAS

Altura máxima: 15 cm
Floración: de enero a noviembre / *vivaz*

La margarita es una de las plantas silvestres más conocidas,
porque coloniza los céspedes y florece incluso en invierno.
Tiene un perfume delicado y se cierra por la noche
y, a veces, antes de que caiga un chaparrón.
Como la mayoría de las plantas de esta familia, la margarita
no es una flor, sino una inflorescencia: el corazón amarillo
es en realidad un conjunto de diminutas flores amarillas tubulares,
rodeado por florecillas blancas liguladas (en forma de lengüeta)
(*véase* fig. 2). Las hojas de la base del tallo están dispuestas
en roseta. Las flores y las hojas de la margarita
se pueden consumir crudas o cocinadas.

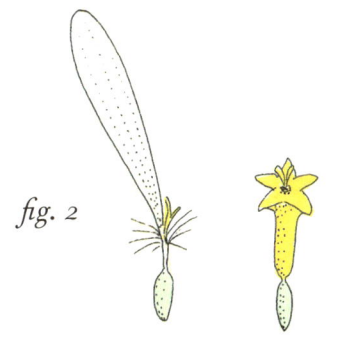

fig. 2

fig. 1

Caracol

— lámina 44 —

Mariposa perlada castaña

Narciso común
o narciso de los poetas

Narcissus poeticus

Familia: AMARILIDÁCEAS

Altura máxima: 60 cm
Floración: de abril a junio / *vivaz*

El narciso común tiene un perfume embriagador,
suave como el del jazmín, que se usa en perfumería.
Fue descrito por el poeta latino Ovidio;
por eso también se le llama «narciso de los poetas».
Esta planta bulbosa tiene seis largos tépalos blancos
que rodean una corona de un amarillo pálido
con el borde dentado de color rojo intenso.
Sus hojas se presentan en manojos.
Solo las mariposas de larga trompa pueden libarla,
así como una especie de moscas denominadas *Syrphus*
o moscas de las flores. Este narciso vive en las praderas
y los bosques de montaña, y es tóxico.

— lámina 45 —

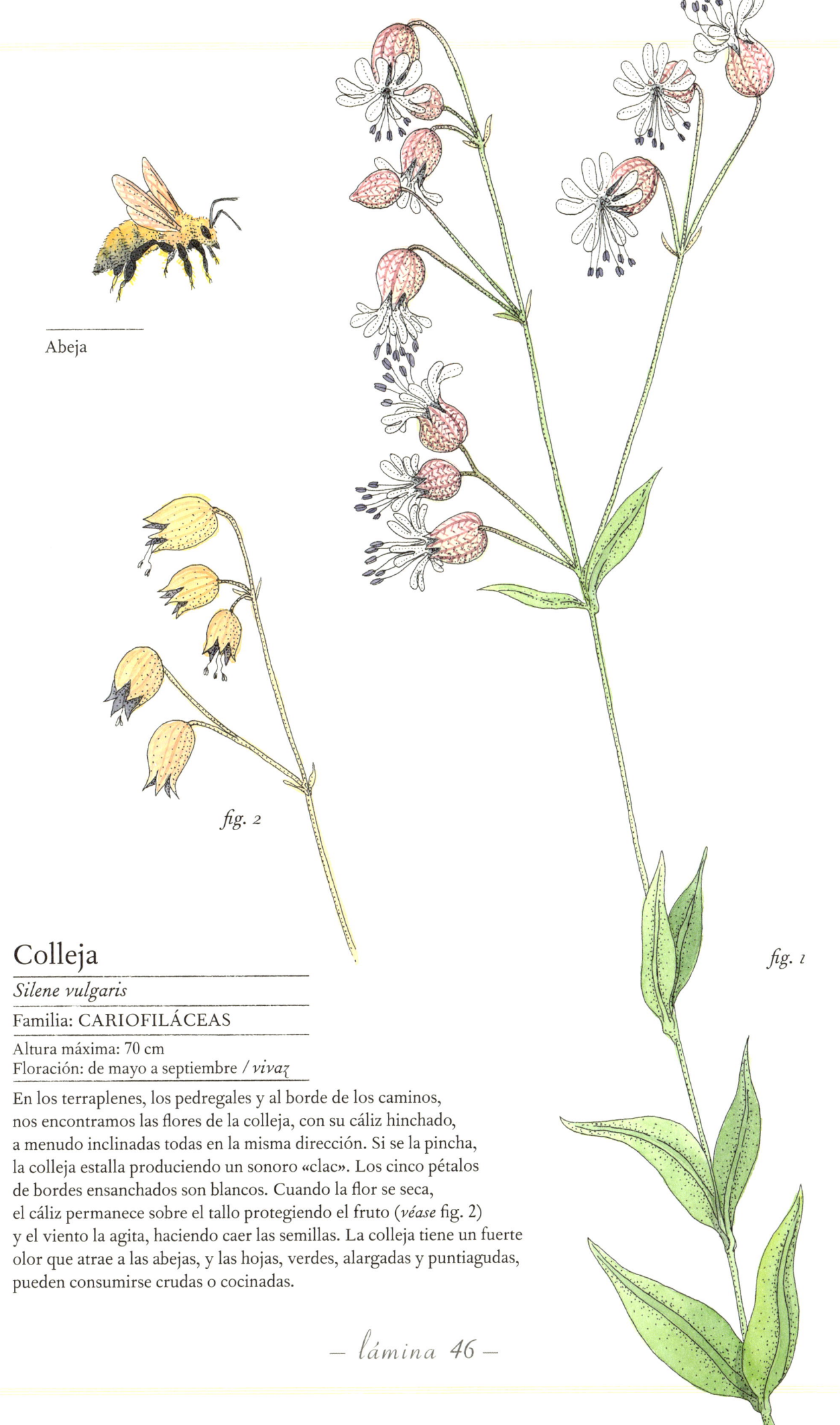

Abeja

fig. 2

fig. 1

Colleja

Silene vulgaris

Familia: CARIOFILÁCEAS

Altura máxima: 70 cm
Floración: de mayo a septiembre / *vivaz*

En los terraplenes, los pedregales y al borde de los caminos,
nos encontramos las flores de la colleja, con su cáliz hinchado,
a menudo inclinadas todas en la misma dirección. Si se la pincha,
la colleja estalla produciendo un sonoro «clac». Los cinco pétalos
de bordes ensanchados son blancos. Cuando la flor se seca,
el cáliz permanece sobre el tallo protegiendo el fruto (*véase* fig. 2)
y el viento la agita, haciendo caer las semillas. La colleja tiene un fuerte
olor que atrae a las abejas, y las hojas, verdes, alargadas y puntiagudas,
pueden consumirse crudas o cocinadas.

— lámina 46 —

fig. 1

fig. 2

fig. 3

El lirio de los valles
da frutos en verano

Lirio de los valles

Convallaria majalis

Familia: ASPARAGÁCEAS

Altura máxima: 20 cm
Floración: mayo-junio / *vivaz*

Las numerosas florecillas en forma de campanillas
colgadas del lirio de los valles están dispuestas
en racimos en un solo lado del tallo,
y tienen un perfume muy intenso.
Las hojas son rígidas, lisas y puntiagudas.
El lirio de los bosques crece en colonias
en los bosques frondosos y en las praderas.
La totalidad de la planta es un veneno mortal
que puede incluso envenenar el agua
de un florero que haya contenido un ramillete.
En Francia, el 1 de mayo de 1907, los manifestantes
lo llevaban puesto en la solapa, por lo que,
desde entonces, se convirtió en el símbolo de
la fiesta del trabajo.

— lámina 47 —

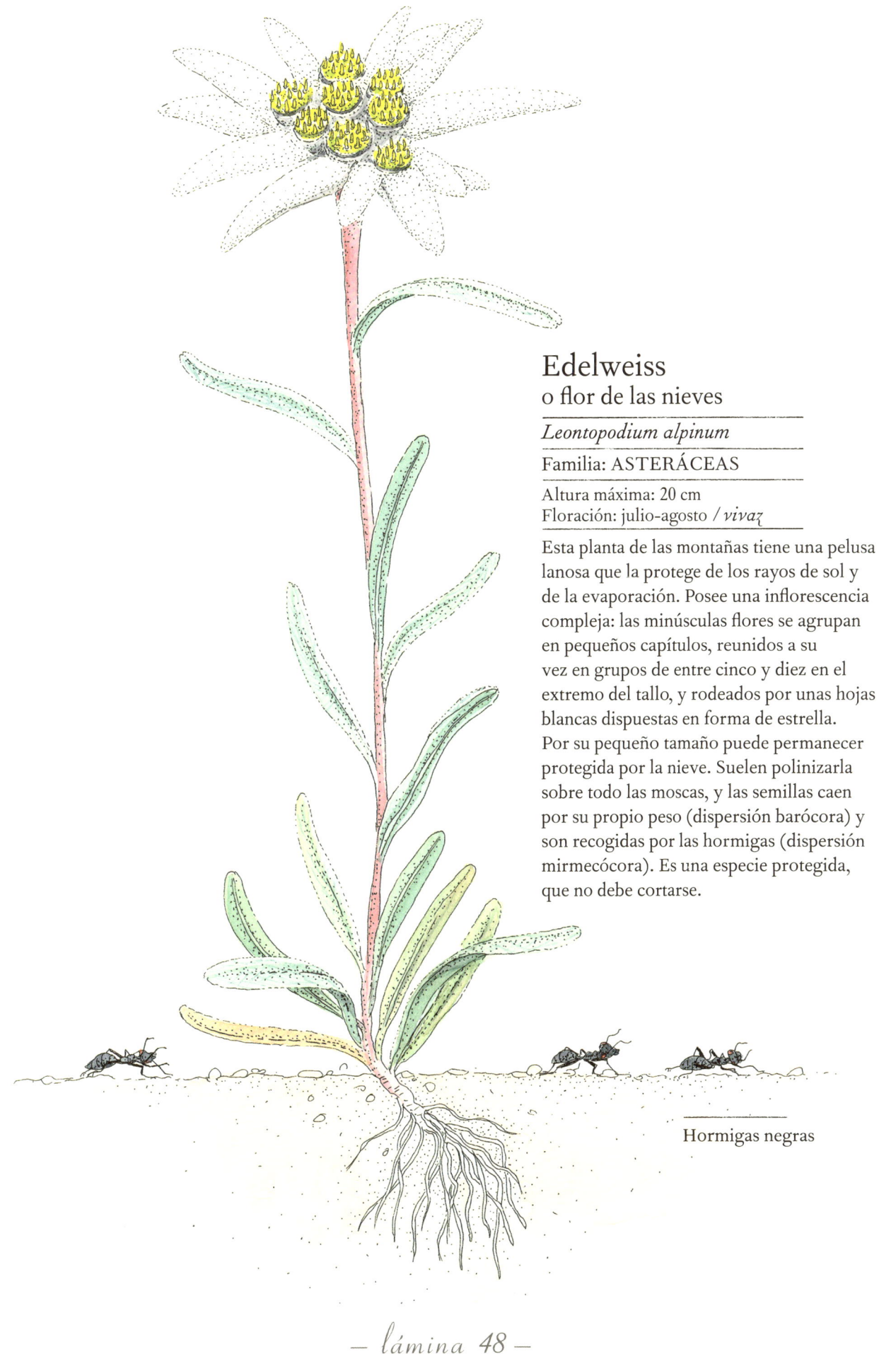

Edelweiss
o flor de las nieves

Leontopodium alpinum

Familia: ASTERÁCEAS

Altura máxima: 20 cm
Floración: julio-agosto / *vivaz*

Esta planta de las montañas tiene una pelusa lanosa que la protege de los rayos de sol y de la evaporación. Posee una inflorescencia compleja: las minúsculas flores se agrupan en pequeños capítulos, reunidos a su vez en grupos de entre cinco y diez en el extremo del tallo, y rodeados por unas hojas blancas dispuestas en forma de estrella. Por su pequeño tamaño puede permanecer protegida por la nieve. Suelen polinizarla sobre todo las moscas, y las semillas caen por su propio peso (dispersión barócora) y son recogidas por las hormigas (dispersión mirmecócora). Es una especie protegida, que no debe cortarse.

Hormigas negras

Galanto o campanilla de invierno

Galanthus nivalis

Familia: AMARILIDÁCEAS

Altura máxima: 20 cm
Floración: febrero-marzo / *vivaz*

Planta bulbosa que florece en las regiones boscosas
al final del invierno, aunque el suelo siga cubierto
de nieve. Cada tallo porta una flor colgada constituida
por seis tépalos blancos, tres de ellos largos
y redondeados, y tres interiores más cortos,
manchados de verde. Las hojas
se desarrollan durante la floración.
¿Cómo pueden descubrir los insectos
una flor blanca en medio de la nieve?
Porque sus tépalos reflejan
los rayos ultravioletas.
A pesar de que huele a miel,
es tóxica.

— lámina 49 —

Margarita

Leucanthemum vulgare

Familia: ASTERÁCEAS

Altura máxima: 80 cm
Floración: de mayo a agosto / *vivaz*

La margarita tiene un capítulo
que mide entre cuatro y diez centímetros
de diámetro sobre un largo peciolo.
Como la margarita menor, el corazón
amarillo es un conjunto de flores tubulares
rodeado no de pétalos blancos,
sino de una corona de flores liguladas
blancas. Las hojas son ligeramente peludas,
y las flores son comestibles.

Opilión
(murgaño o segador)

– lámina 50 –

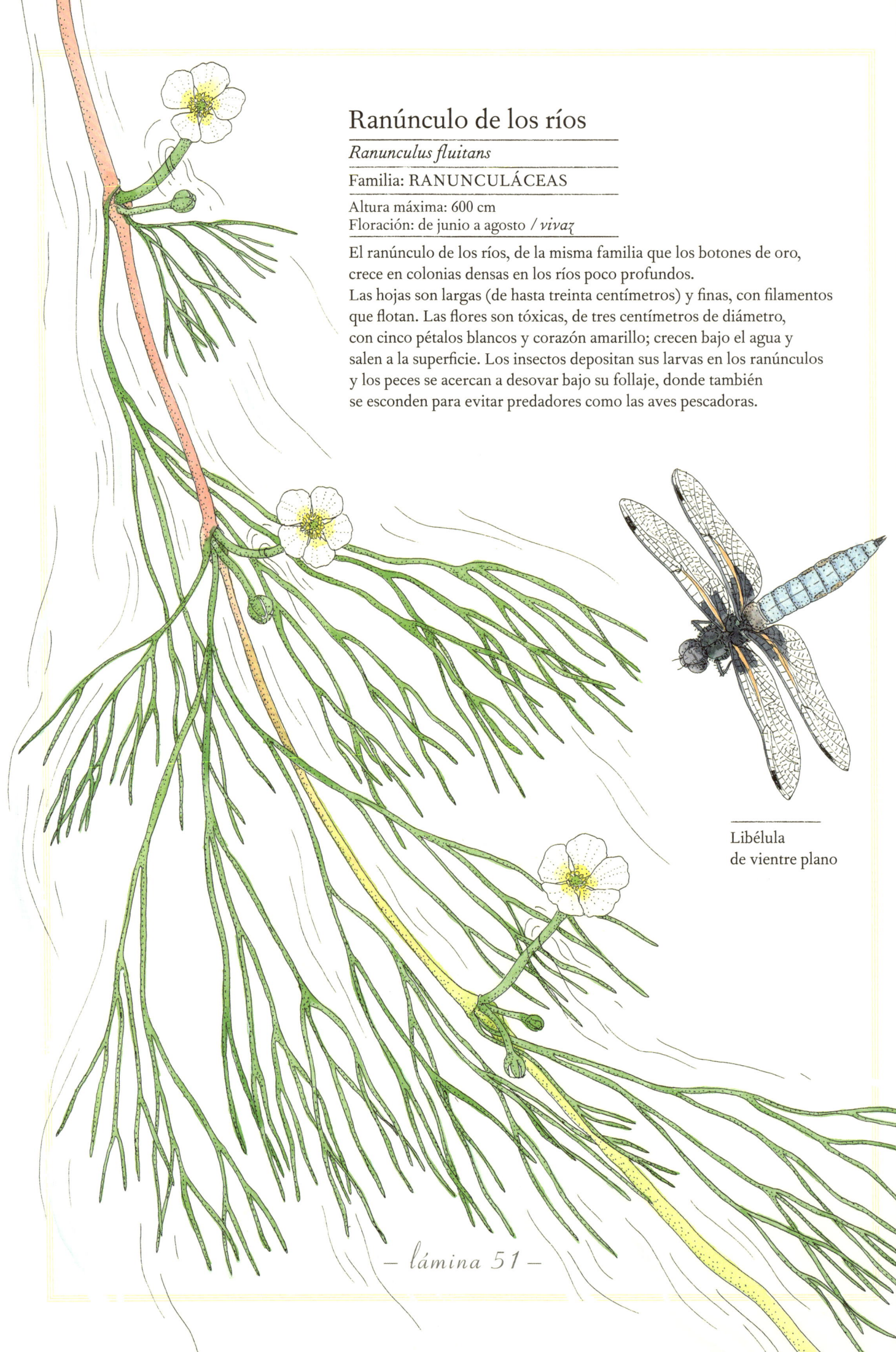

Ranúnculo de los ríos

Ranunculus fluitans

Familia: RANUNCULÁCEAS

Altura máxima: 600 cm
Floración: de junio a agosto / *vivaz*

El ranúnculo de los ríos, de la misma familia que los botones de oro,
crece en colonias densas en los ríos poco profundos.
Las hojas son largas (de hasta treinta centímetros) y finas, con filamentos
que flotan. Las flores son tóxicas, de tres centímetros de diámetro,
con cinco pétalos blancos y corazón amarillo; crecen bajo el agua y
salen a la superficie. Los insectos depositan sus larvas en los ranúnculos
y los peces se acercan a desovar bajo su follaje, donde también
se esconden para evitar predadores como las aves pescadoras.

Libélula
de vientre plano

— *lámina 51* —

Nenúfar blanco

Nymphaea alba

Familia: NINFEÁCEAS

Altura máxima: 200 cm
Floración: de junio a agosto / *vivaz*

El nenúfar blanco vive en estanques,
lagunas y corrientes de aguas tranquilas.
En la civilización egipcia simbolizaba
la creación del mundo, y se encuentra
representado en los templos y en las tumbas
de los faraones. La flor del nenúfar blanco, de
olor delicado, es la mayor de la flora europea:
puede medir hasta doce centímetros
de diámetro.

Sus numerosos pétalos
están dispuestos en espiral.
La flor se abre solo
durante el día y es tóxica.

Sus hojas flotantes
son redondas,
con una incisión
en la base, y están
cubiertas de una especie
de cera. No hay que confundir
el nenúfar blanco con el loto.

— lámina 52 —

Dionea
o venus atrapamoscas

Dionaea muscipula

Familia: DROSERÁCEAS

Altura máxima: 12 cm
Floración: mayo-junio / *vivaz*

La dionea es la más conocida de las plantas carnívoras. Crece en estado silvestre en Estados Unidos, en Carolina del Norte y del Sur, pero también es posible cultivarla. La planta tiene inflorescencias de unas quince flores dispuestas en umbela. Como todas las carnívoras, vive en un suelo pobre, que no le basta para cubrir sus necesidades alimentarias. Los insectos le aportan un suplemento de nutrientes: la planta los captura mediante una trampa formada en la parte alta de las hojas que consiste en una mandíbula formada por dos lóbulos provistos de unos veinte dientes. En la cara exterior, los lóbulos tienen unas glándulas que segregan un néctar fragante que atrae a las presas, mientras que en la cara interior presenta unas glándulas digestivas y pelos sensibles que accionan la trampa. Al principio, se cierra con suavidad; si la presa no es comestible (por ejemplo, una chinche), se abre de nuevo, pero si se trata de un insecto, entonces la hoja se termina de cerrar con un movimiento extremadamente rápido. La planta tarda entre dos y tres semanas en digerir su presa, de la que no deja más que el exoesqueleto.

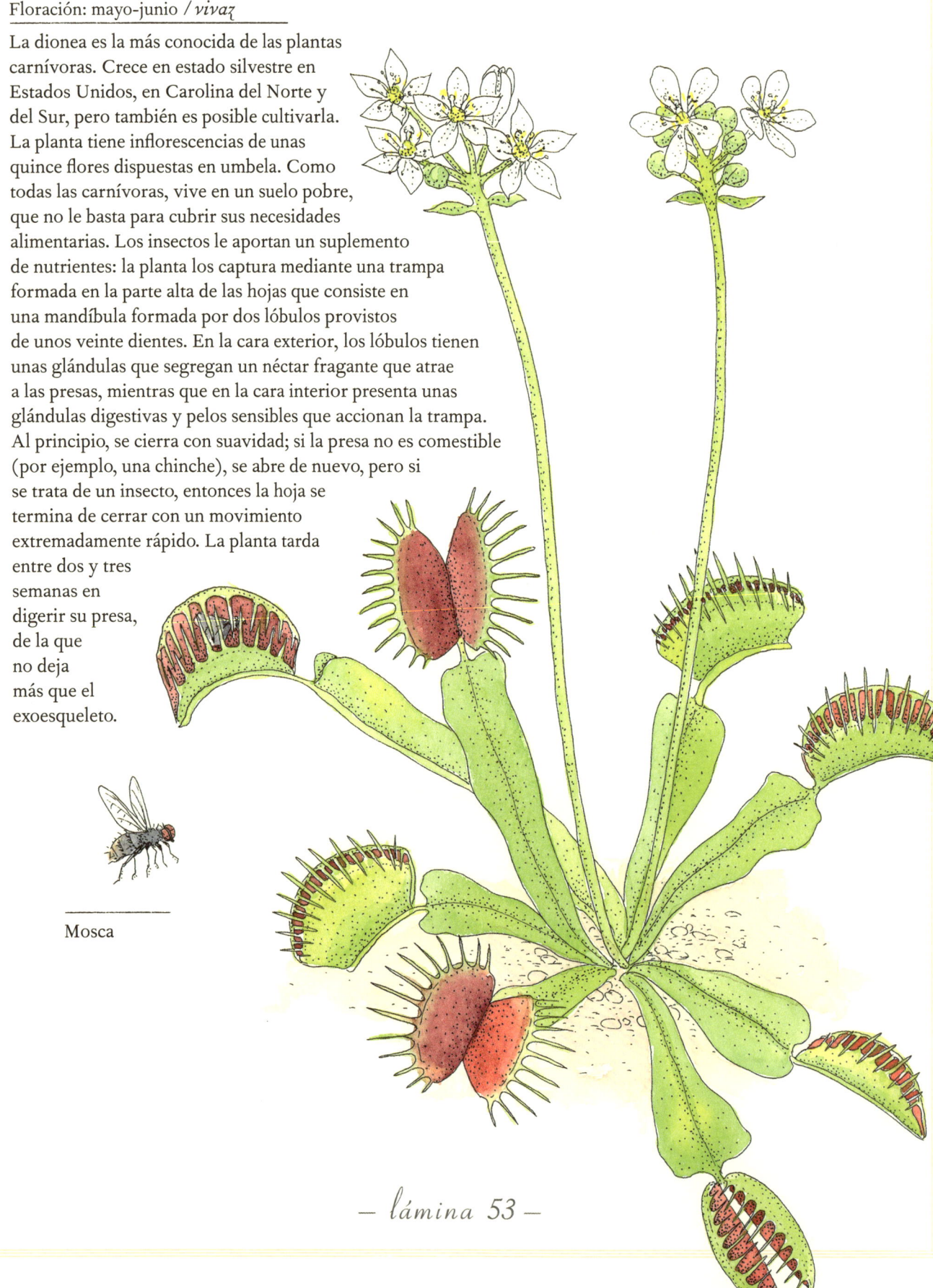

Mosca

— lámina 53 —

Tiraña alpina
o atrapamoscas

Pinguicula alpina

Familia: LENTIBULARIÁCEAS

Altura máxima: 20 cm
Floración: de junio a agosto / *vivaz*

La tiraña alpina es una pequeña planta
que vive en las turberas y en los roquedales
húmedos de montaña. Tiene una flor blanca
que mide solo un centímetro,
con la corola compuesta por cinco pétalos,
de los cuales el de abajo es más largo
y tiene un espolón.
El cáliz cuenta con cinco sépalos
totalmente idénticos.
La tiraña es una planta carnívora
con un sistema llamado semiactivo:
las hojas están cubiertas de un pegamento
que atrapa a los insectos que
se posan en ellas, y
que después son digeridos
por los jugos segregados.

Pillanovios

Gypsophila elegans

Familia: CARIOFILÁCEAS

Altura máxima: 60 cm
Floración: de julio a septiembre / *anual*

Es una pequeña planta de matorral
con numerosos tallos ramificados
y con flores blancas muy abundantes
que le dan un aspecto de neblina.
Sus hojas son estrechas y grises.

fig. 1

fig. 2

Mariquita

— *lámina 55* —

Iris o lirio de jardín

Iris, variedad para cultivar

Familia: IRIDÁCEAS

Altura máxima: 90 cm
Floración: primavera y otoño / *vivaz*

Existen entre 200 y 300 especies de iris
y alrededor de 60 000 variedades cultivares.
Es una gran planta con rizoma. Cada inflorescencia
tiene varias flores, cada una de las cuales posee tres
pétalos erguidos y tres
sépalos coloreados,
a veces con pequeños
pelos: las barbas.
Casi siempre
es fragante.

El Iris «Before
the Storm»
es un gran
lirio con los
sépalos negros
aterciopelados
y con barbas azules.

Conejo
de monte

— lámina 56 —

Jacinto

Hyacinthus orientalis

Familia: ASPARAGÁCEAS

Altura máxima: 30 cm
Floración: marzo-abril en exterior / *vivaz*

El jacinto es una pequeña planta bulbosa
con múltiples flores en racimo,
originaria de Turquía y de los países
de la cuenca mediterránea, que se cultivaba
ya en Europa en la antigüedad.
El jacinto expande un olor muy agradable,
aunque su bulbo es tóxico.
Las brillantes hojas rectas
son un poco más cortas
que el pedúnculo.
Existen unas 30 variedades
cultivadas de esta especie,
de diferentes colores.

El jacinto «Dark Dimension»
es una variedad de color negro,
como indica su nombre
en inglés.

Pensamiento

Viola tricolor

Familia: VIOLÁCEAS

Altura máxima: 30 cm
Floración: de abril a septiembre / *vivaz*

Este pensamiento tricolor es el antepasado del
pensamiento cultivado. Vive en las praderas
de Europa y Asia, y ha sido introducido en América.
La flor crece solitaria, en el extremo de un largo pedúnculo.
Tiene un cáliz regular de cinco sépalos verdes y cinco pétalos,
uno de los cuales es diferente de los demás,
con un pequeño espolón. Numerosas mariposas acuden
a poner sus huevos sobre el pensamiento,
del cual se alimentarán sus orugas. Su flor es comestible.

Mariposa nacarada

— *lámina 58* —

ÍNDICE

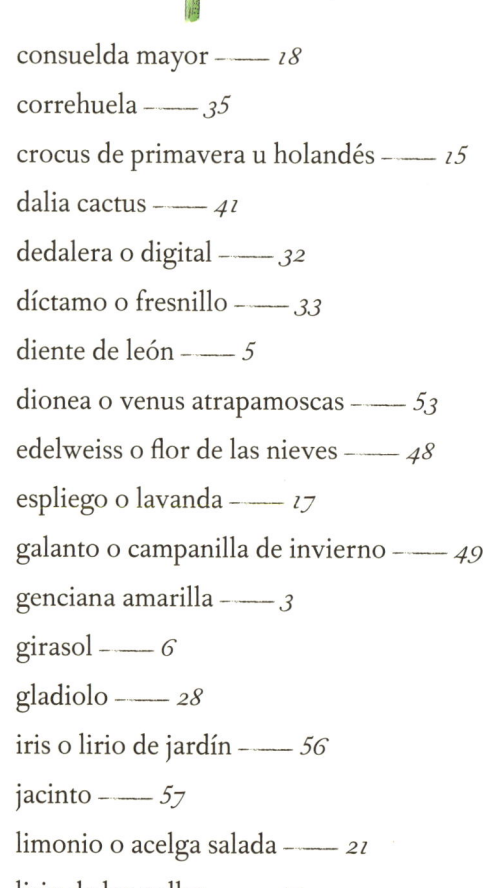